Der Autor Markus «Maki» Frankl,
 Jahrgang 1965, wurde lange nichts, bevor er
Wirt des *Nage & Sauge* in München wurde.

Markus Frankl ***Wer nichts wird, wird Wirt*** *How to open a Bar*

Rowohlt Taschenbuch Verlag

Originalausgabe
Veröffentlicht im Rowohlt Taschenbuch Verlag,
Reinbek bei Hamburg, September 2005
Copyright © 2005 by Rowohlt Verlag GmbH,
Reinbek bei Hamburg
Umschlaggestaltung ZERO Werbeagentur, München
(Foto: FinePic, München)
Satz aus der Times BQ PostScript, QuarkXPress 4.11
bei KCS GmbH, Buchholz i. d. Nordheide
Buchgestaltung Anja Sicka
Druck und Bindung Druckerei C. H. Beck, Nördlingen
Printed in Germany
ISBN 3 499 62050 2

für Chrissi

Regel Nr. **1** *Werde Wirt!*

Wer hat nicht schon mal davon geträumt, alles hinzuschmeißen und eine Kneipe aufzumachen? Allein oder, noch besser, mit Freunden. Einen Laden für die guten Leute, in dem die richtige Musik läuft, es zu essen und zu trinken gibt, was wirklich schmeckt, und einfach alles genau so aussieht und so ist, wie man es sich immer gewünscht hat?

Wahrscheinlich haben das schon viele geträumt. Aber aus irgendeinem Grund macht es dann kaum einer. Irgendetwas kommt immer dazwischen. Es fehlt am Geld, an den richtigen Freunden, der passenden Gelegenheit oder an sonst was – meint man.

Ich habe mit fünfzehn angefangen, von einer eigenen Kneipe zu träumen. Von da an sollte es noch einmal fünfzehn Jahre dauern, bis es so weit war. Was ich in diesen fünfzehn Jahren eigentlich gemacht habe? Nun, ich habe das gemacht, was wohl die meisten Menschen zwischen fünfzehn und dreißig tun: Ich habe Erfahrungen gesammelt. In meinem Fall hieß das: Ich habe herausgefunden, dass ich mich schwer tue im bürgerlichen Leben, in der Gesellschaft oder wie auch immer man es nennen will. Dabei hatte ich die ganze Zeit den Kopf voller Ideen. Geworden ist aber aus keiner je etwas.

Ich war ein Schulversager, absolvierte mit Ach und Krach eine Lehre, die mich nicht die Bohne interessierte, arbeitete über ein Jahrzehnt lang in Jobs, die ich nie lange durchhielt, und fühlte mich im Grunde nur wohl, wenn ich mit meinen Freunden in den paar wenigen akzeptablen Lokalen abhängen konnte, die das Münchener Nachtleben zu bieten hatte. Oder wenn ich, am besten gleich für ein paar Monate, nach Thailand abhauen konnte, um dort am Strand zu liegen und Dope zu rauchen, bis das Geld alle war.

Ich wäre gerne Maler geworden oder, noch besser, Musiker. Malen oder ein Musikinstrument spielen konnte ich nicht. Wozu auch? Einmal bewarb ich mich bei «Land of Sex and Glory», einer Band, die einen Sänger suchte, die in den Achtzigern in München weltberühmt waren und sogar im Radio gespielt wurden. Ich übte eine Woche lang die Texte und gab im Übungsraum mein Bestes. Georgie, der Chef der Band, war ein bisschen betreten und meinte nur: «Ähm, Maki, du kannst ja eigentlich gar nicht singen, oder?»

Ich interessierte mich für Musik und für Klamotten, ging auf Konzerte und war mir ganz sicher, dass so ein Talent, wie ich es war, nicht unentdeckt bleiben würde. – Ich täuschte mich. Es gab niemanden, der mein Talent zur Kenntnis nahm. Wie auch? In meinen ehrlichen Momenten war mir selbst nicht klar, was für eine Art Talent ich besaß.

Wer weiß, was aus mir geworden wäre, wenn ich nicht, als ich dreißig war, zusammen mit meinem Partner Carl und meiner Freundin Chrissi das *Nage & Sauge* aufgemacht hätte? Wahrscheinlich nichts weiter als ein in die Jahre gekommener Szenegänger und Aushilfskoch, der an irgendeinem Tresen herumhängt und Leute, die ihren Abend genießen wollen, mit seinen Theorien über das Leben voll quatscht.

Damit wir uns recht verstehen: Das hier ist nicht die Geschichte eines Tellerwäschers, der es zum Millionär gebracht hat. Ich hatte auch nie die Idee, mit einer Kneipe «reich» zu werden. Ich wollte einfach nur etwas Sinnvolles tun, etwas, das mir Spaß macht und mich ausfüllt. Alle Menschen wollen das. Aber manchen fällt es schwerer, etwas zu finden, als anderen. Mir zum Beispiel. Aber wenn man es richtig macht, kann man an einer Kneipe eine Menge Freude haben, gutes Geld verdienen und dabei sogar das Gefühl haben, nicht zu arbeiten. Das ist doch viel verlockender, als «Millionär» zu werden. Ich jedenfalls habe gestaunt, dass die Welt noch so eine Möglichkeit für mich bereithält, und das, als ich schon dachte: Das war's.

Vielleicht noch ein Wort zu diesem Buch: Ich will nicht so tun, als ob es die leichteste Übung der Welt wäre, eine

Kneipe aufzumachen und damit Erfolg zu haben. Ein paar Dinge gibt's, die man beachten sollte, ein paar Regeln, aber keine Patentrezepte. Warum eine Sache funktioniert und eine andere nicht, kann man in den wenigsten Fällen wirklich benennen. Kandidat eins macht eine Kneipe auf, und sie ist vom ersten Abend an rappelvoll, Kandidat zwei versucht das Gleiche – und hockt Monat für Monat allein hinter dem Tresen, bis ihn der Verpächter rausschmeißt. Natürlich gibt es tausend Gründe dafür, dass es so gelaufen ist, aber welche davon ausschlaggebend waren, weiß kein Mensch.

Ich glaube, die ehrlichste Methode ist die, einfach zu erzählen, wie es in meinem Fall gelaufen ist, denn auf dem Weg von den finsteren Anfängen meiner Kochlehre bis zum Glanz und Gloria des *Nage & Sauge* bleiben wenig Fragen offen.

Und eines noch: Dieses Buch, lieber Leser, soll dir Mut machen! Wenn du an dem Punkt angelangt bist, wo nichts mehr geht, heißt das nicht, dass alles vorbei ist. Du bist ein Verlierer? Du hast nie was auf die Reihe gekriegt? Du hast Schwierigkeiten mit der Gesellschaft? Es fällt dir schwer, dich unterzuordnen? Du hattest schlechte Noten in der Schule oder etwas studiert, was kein Mensch braucht? – Macht nichts, mach's wie ich: Werde Wirt!

Regel Nr. *«Wo ich bin, ist oben.*
Und bin ich mal unten, ist unten oben.»
(René Weller)

Mein Weg nach unten begann in der Grundschule. Ich kann mich an Einzelheiten nicht erinnern, weiß aber noch, dass ich von Anfang an mit schlechten Noten zu kämpfen hatte. Um genau zu sein: Nicht ich hatte zu kämpfen, sondern meine Eltern und Lehrer kämpften – um mich, in der Hoffnung, diesen aufgeweckten und eigentlich doch so viel versprechenden Jungen auf den rechten schulischen Weg zu bringen. Nach der vierten Klasse stand ich auf der Kippe. Eigentlich waren meine Noten zu schlecht fürs Gymnasium, dennoch vermutete man in mir ein gewisses Potenzial. Für was, schien allerdings nicht klar, und man steckte mich deshalb in die «Orientierungsstufe». Es waren die späten siebziger Jahre, und die Vorstellung, dass auch schwächere Schüler die Chance auf Gymnasialbildung erhalten sollten, wurde gerade sehr populär. Durch die Orientierungsstufe begleiteten uns zwei junge, antiautoritäre Hippiefrauen in dänischen Clogs, die wir mit allen uns zur Verfügung stehenden Mitteln demütigten. Wir beschossen sie mit Blasrohren, bewarfen sie mit Kugelschreibern und beschimpften sie, die doch nur unser Bestes wollten. Wie gesagt, ich kann mich an Einzelheiten nicht erinnern, aber sogar diese geduldigen Frauen gaben mich spätestens zum Ende der sechsten Klasse auf. Für mich bedeutete das Hauptschule in Neuperlach, ein schon damals in der ganzen Republik bekannter sozialer Brennpunkt.

Dort gab es in den Pausen oft harte Schlägereien. Da ich nicht gerade zu den Stärksten gehörte, machte das die Sache ziemlich unangenehm. Die Mädchen prügelten sich übrigens genauso hart wie die Jungs. Von den Schülern waren ungefähr dreißig Prozent Deutsche und siebzig Prozent Gastarbeiterkinder. Es gab eine klare Hierarchie. Zuerst kam es auf die Klasse an, in die einer ging, dann auf die Nationalität. Während des Jahres, das ich in dieser Schule verbrachte, ist es mir nicht ein einziges Mal gelungen, am Schulkiosk etwas zu kaufen. Wenn ich mich in der Schlange anstellte, gab es immer irgendeinen Größeren, Älteren oder Stärkeren, der sich vor mich drängeln durfte, und nach ihm noch einen und immer so fort. Da war nichts zu machen.

Das einzige Mal während meiner gesamten Schulzeit beschloss ich zu lernen, meine Noten zu verbessern, ein wenigstens halbwegs passabler Schüler zu werden, um den Sprung auf die Realschule zu schaffen. Und es gelang.

Mein Eifer ließ folglich gleich wieder nach. In meinem Abschlusszeugnis nach der zehnten Klasse hatte ich zwei Fünfen (eine in Physik und eine in Stenographie), eine Drei (Religion) und ansonsten nur Vieren. Dieses Zeugnis war nicht einfach miserabel, es war Maßarbeit: Es war rechnerisch fast unmöglich, die Realschule mit schlechteren Noten abzuschließen.

Ich war sechzehn. Wir, meine Freunde Daniel, Carl und ich, machten gerade die ersten Erfahrungen im Nachtleben Münchens, das zu dieser Zeit, Anfang der Achtziger, dabei war, sich grundlegend zu verändern. Aus London kamen immer neue New-Wave-Bands, es gab großartige Ska-Gruppen wie Madness, Specials und Selecter. Viele von ihnen spielten in München im Schwabinger Bräu. Wir schnitten uns die Haare kurz, schwatzten unseren Vätern die Hochzeitsanzüge aus den sechziger Jahren ab und steckten uns die Badges ans schmale Revers, die wir irgendeinem verwegenen England-Reisenden für teures Geld abgekauft hatten. Unsere komplette Queen-Plattensammlung verschwand im hintersten Regal, zusammen mit den plötzlich peinlich gewordenen anderen Hippiescheiben, die wir uns im Sommer davor noch von unseren älteren Geschwistern als coole Musik hatten aufschwatzen lassen. Mit erbärmlich schlecht gefälschten Schülerausweisen, über die sich merkwürdigerweise nie jemand aufregte, besuchten wir die Konzerte der Specials, der B-52's, von The Beat und vielen anderen.

«Quadrophenia» von The Who war damals *der* Film für

mich. Ich weiß nicht, wie oft ich ihn mir angesehen habe. Für diejenigen, die es nicht wissen: «Quadrophenia» setzte der britischen Mod-Szene ein Denkmal. Die Mods, working class kids mit einem Faible für smarte Anzüge, Fred-Perry-Shirts und Army-Parkas, lieferten sich Mitte der sechziger Jahre in Brighton wilde Massenschlägereien mit Rockerbanden. Der Film diente uns als Stilfibel. So sollten unsere Klamotten aussehen. Und wir brauchten natürlich Roller. In meinem Fall wurde es nicht direkt ein Roller, sondern ein Mofa namens «Ciao», das ich einem Zeitungsausfahrer abkaufte.

Jeder, der motorisiert war, konnte viel aktiver im Nachtleben mitmischen. Er war beweglicher. Allerdings gab es auch einige Rocker-Gangs – eigentlich waren das Teds –, die sich dafür entschieden hatten, die Rollen aus «Quadrophenia» zu übernehmen, die wir übrig gelassen hatten. In den Kneipen, in denen wir uns herumtrieben, gab es mindestens einmal wöchentlich «Rocker-Alarm». Es war eine seltsame Szene von nicht mehr als fünfhundert Leuten, die sich in den neu eröffneten Läden *Lipstick*, *Café Größenwahn* und *Why Not?* trafen. Egal, ob sie sich Mods, Punks, Skins, Teds oder wie auch immer nannten, sie versuchten, manchmal peinlich und verzweifelt, manchmal ziemlich genial, ihre britischen Vorbilder zu kopieren oder, im besten Fall, sogar etwas Eigenes daraus zu machen. Es war eine Jugend, die der politischen Verkniffenheit und Resignation der Hippies ihren Hedonismus entgegensetzen wollte. Na ja. In der Praxis hieß das: so viel ausgehen wie möglich.

Im Gegensatz zu Hamburg oder Berlin war München damals noch ein verschlafenes Nest. Was sich hier Nachtleben nannte, musste, wegen der polizeilichen Sperrstunde, zwischen acht Uhr abends und ein Uhr nachts stattfinden. Von den angesagten Läden hatte nur das *Why Not?* eine Diskotheken-Lizenz bis vier Uhr morgens. Später kamen noch ein paar weitere, allerdings wenige, dazu.

Obwohl es nur bis ein Uhr geöffnet war, wurde das *Tanzlokal Größenwahn* ab 1982 zu *dem* Treffpunkt der Szene. Davor ging man ins *Baader Café*, das es, im Gegensatz zu den beiden Größenwahns, heute noch gibt. Wenig später kamen noch das *Park Café* und das *Babalu* dazu, bis dann Anfang der Neunziger der «Kunstpark Ost» entstand, ein aufgelassenes Industriegelände, auf dem Dutzende von Bars, Kneipen und Diskotheken eingerichtet wurden. Mit dem «Kunstpark Ost» war in München das Ausgehen in Clubs keine Minderheitenveranstaltung mehr.

Aber so weit waren wir Anfang der Achtziger noch längst nicht. Da ging das Nachtleben erst los. Andere Dinge gingen nicht los. Ich brachte mein lausiges Abschlusszeugnis nach Hause und hielt es meinem Vater unter die Nase. Er schlug die Hände über dem Kopf zusammen und lamentierte vollkommen zu Recht, damit würde ich nie im Leben eine anständige Arbeit bekommen, geschweige denn eine Lehrstelle. Mein Vater tat mir unsinnigerweise mehr Leid als ich mir selbst. Was aus mir werden sollte, war mir egal. Ich war Mod, ich hatte überhaupt keine Lust zu arbeiten und dachte mir: Gut, wenn meine Noten zu schlecht sind, um Arbeit zu finden, dann kann man da wohl nichts machen. Aber dabei blieb es natürlich nicht. Gerade, als ich mich darauf eingerichtet hatte, jede Nacht auszugehen und anschließend bis mittags zu schlafen, machten mir meine Eltern unmissverständlich klar, dass ich etwas unternehmen müsse.

Ich landete also bei den lustigen «Schnuppertagen», die das Arbeitsamt für orientierungssuchende Jugendliche anbot. Ich hatte eigentlich wenig Lust, an der Arbeit zu schnuppern, egal wo, denn es sollte ja doch immer darauf hinauslaufen, sich den lieben langen Tag unter den Augen eines strengen Meisters für ein lächerliches Gehalt piesacken zu lassen. Ein erstes Gespräch mit einem Sachbearbeiter des Arbeitsamtes, der mir ein paar Fragen stellte und dabei Kreuzchen auf einem Blatt Papier machte, von dem er kein einziges Mal aufsah, ergab, dass ich Talent zum Feinmechaniker hätte. Ich wusste zwar nicht, wie der Mann zu der Einschätzung kam, fand mich aber trotzdem weisungsgemäß bei der Firma MTU ein, um einen Eignungstest zu machen.

Die MTU, ließ ich mir sagen, war ein Rüstungsbetrieb. Es war die Zeit nach dem Nato-Doppelbeschluss, die Friedensbewegung hatte ihren Höhepunkt erreicht, und ich sollte bei der MTU anfangen! Unmöglich! Andererseits hatte ich meine Eltern im Genick, die zumindest sehen wollten, dass ich mich bemühte, eine Lehrstelle zu finden.

Ich bekam einen Blaumann, der mir zu groß war, und sollte wie die anderen Kandidaten, die hofften, endlich an der Produktion von Kriegsgerät mitzuwirken, an einem Metallblock herumfeilen. Soweit ich es verstanden hatte, ging es darum, eine Fläche möglichst glatt und gleichmäßig abzufeilen. Nach einer Weile, als in dem Werkstück, das ich bearbeitete, dort, wo sie nicht hingehörte, schon eine deutliche Mulde sichtbar wurde, fragte ich einen der Aufseher, ob das Feilen nicht besser eine Maschine übernehmen könne.

Der Aufseher antwortete:

«Sicher könnte das auch eine Maschine machen. Aber wir wollen herausfinden, ob Sie es können. Übrigens: Wie war noch Ihr Name?»

Ich hatte nicht das Gefühl, dass sich hier eine dauerhafte Zusammenarbeit anbahnte.

Nachdem wir das Feilen überstanden hatten, musste jeder einen Einstellungsbogen ausfüllen, in dem wir, in einem Wort, auch unsere politische Meinung angeben sollten. Um zu retten, was zu retten war, schrieb ich «CSU» hinein. Die MTU verzichtete unerklärlicherweise dennoch auf meine weitere Mitarbeit.

Mein Problem – ich brauchte einen Job – war damit allerdings immer noch nicht gelöst. Mein Vater, der sich auch seine Gedanken machte, nahm Kontakt mit «Zweirad Brückl» auf. Immerhin fuhr ich gern Roller und schraubte auch dann und wann daran herum. Warum also nicht mein Hobby zum Beruf machen?

Nach einem Vorstellungsgespräch, bei dem mein Vater einen so vertrauenswürdigen Eindruck machte, dass Herr Brückl am Ende bereit war, mich als Lehrling einzustellen, wollte ich gleich mit der Arbeit beginnen. Herr Brückl zeigte auf ein männliches Wesen in der Werkstatt und sagte:

«Das ist Herr Bohnert. Er wird dich einweisen.»

Herr Bohnert war nicht viel älter als ich, vielleicht achtzehn. Er war ein dicker, weißhäutiger Junge mit einem

Glasauge, der während meiner gesamten Zeit bei « Zweirad Brückl» kein einziges Wort zu mir sagte. Seine Einweisung bestand darin, dass er sich schweigend wieder dem Roller zuwandte, an dem er gerade schraubte, und mich den Rest des Tages ignorierte. Ich stellte mich hinter ihn, wie es mir gesagt wurde, und sah Herrn Bohnert zu. Vielleicht würde er mir bald etwas erklären oder mich bitten, ihm ein Werkzeug zu reichen, etwas für ihn zu holen oder zu halten. Doch Herr Bohnert kam sehr gut alleine zurecht und schien mich, nachdem er sich umgedreht hatte, schon bald wieder vergessen zu haben. Zur Mittagspause stand Herr Bohnert von seinem Arbeitsplatz auf, ging wortlos und ohne mich anzusehen an mir vorbei und verschwand für eine Stunde. Meine Mutter hatte mir eine Brotzeit eingepackt, die ich für mich alleine aß. Nach der Mittagspause wieder dasselbe Bild: Herr Bohnert kam zurück, schenkte mir keinen Blick, kein Wort und machte sich ans Werk. Ich stand bis zum Feierabend hinter ihm und begann mich zu fühlen wie ein Geist. Konnte mich Herr Bohnert vielleicht einfach nicht sehen?

Auch in den nächsten Tagen trat keine Besserung ein. Pünktlich erschien ich morgens in der Werkstatt, begrüßte Herrn Bohnert, der den Gruß nie erwiderte, stellte mich hinter ihn und wartete endlos, bis der Arbeitstag vorüber war. Nach einiger Zeit erlaubte ich mir, eine Stunde später zu kommen, denn es konnte ja keinen so großen Unterschied machen, ob ich nun sieben oder acht Stunden hinter Herrn Bohnert stand, als wäre ich sein Schutzengel. Und wirklich, niemand schien von meiner Verspätung Notiz zu nehmen, denn ich wurde nicht ermahnt. Von Herrn Boh-

20

nert sowieso nicht, und auch nicht vom Chef. Es schien in Ordnung zu sein, wenn ich es morgens etwas langsamer angehen ließ und dafür nachmittags nicht mehr ganz so lange blieb. Erst zögerlich, dann immer beherzter, reduzierte ich auf diese Weise meine «Arbeitszeit», bis ich schließlich nur noch ein bis zwei Stunden täglich bei «Zweirad Brückl» erschien. Ohne dass sich zuvor irgendeiner beschwert hätte, lag eines Tages die Kündigung meines Ausbildungsvertrags im Briefkasten.

Mein Vater war bestürzt. «Was hast du denn nun schon wieder gemacht?» Da ich ihm eher ausweichend antwortete, also sagte, dass ich mir die Kündigung auch nicht erklären könne, suchte er Herrn Brückl auf, der ihm mein System der Arbeitszeitverkürzung auseinander setzte.

Ich war also wieder arbeitslos und ohne Idee, welchen Beruf ich erlernen sollte. Die Nächte verbrachte ich im *Tanzlokal Größenwahn*, wo ich viele neue Leute kennen lernte. Alle, die dort hingingen, hatten den Wunsch, etwas Künstlerisches zu machen. Man beschäftigte sich mit den neuesten Musik- und Klamottenmoden, die aus England kamen, gründete eine Band oder träumte davon, in einer zu spielen. Alle malten oder schrieben oder machten Musik, doch keiner wollte etwas mit dem etablierten Kulturbetrieb zu tun haben. Das Bekenntnis zu Dilettantismus und «Underground» verstand sich von selbst. Mich zog diese Atmosphäre ungeheuer an, obwohl ich nicht hätte sagen können, wie mein Beitrag zum künstlerischen Underground ausfallen sollte. Ich gründete mit einigen Kumpels eine Band, die «Die nukleare Restmannschaft» hieß. Wir spielten nur ein einziges Mal. Es ging mir nicht so sehr darum, in einer Band zu spielen, eher darum, in einer zu sein.

Zu dieser Zeit lernte ich Daniel kennen, den ich cool fand, nicht zuletzt, weil er immer gut mit Dope versorgt war, das er zu zivilen Preisen verkaufte.

Heutzutage erklärt ja jeder Politiker, dass er auch schon einmal gekifft hat. Natürlich behaupten sie dann, sie hätten «nicht inhaliert», wie der frühere US-Präsident Bill Clinton, oder es hätte ihnen «nicht geschmeckt», wie der Bundesfinanzminister Hans Eichel. Aber immerhin. Anfang der Achtziger war Kiffen noch eine echte Straftat, die begangen zu haben niemals jemand freiwillig zugegeben hätte. Peter Gauweiler von der CSU war Kreisverwaltungsreferent in München. Unter seiner Schreckensherrschaft wurde jeder kleine Kiffer wie ein Schwerkrimineller behandelt. Deshalb konnte man sich schon richtig verwegen fühlen, wenn man trotzdem kiffte. Es war gewissermaßen praktizierter Widerstand gegen die Staatsgewalt.

Daniel lud mich zu einem Joint ein. Natürlich war es strengstens verboten, im Tanzlokal Dope zu rauchen. Es geschah zwar manchmal trotzdem, aber wenn es die Leute hinter der Bar rochen, warfen sie einen sofort raus und erteilten Hausverbot. Zudem waren immer Zivilpolizisten unterwegs. Wenn einer von ihnen mitbekommen hätte, dass im Größenwahn gekifft wurde, wäre die Konzession sofort weg gewesen. Immerhin, damals fielen die Zivilbullen jedem sofort auf, weil sie so scheiße gestylt waren.

Daniel und ich verließen also das Tanzlokal und gingen in den Hinterhof, wo man, an die Hauswand gelehnt, recht bequem einen durchziehen konnte, ohne Angst haben zu müssen, entdeckt zu werden.

Wir rauchten, und Daniel wollte wissen, was ich so mache.

«Hab gerade meine Lehre als Zweiradmechaniker geschmissen», sagte ich.

«Suchst du was?»

«Vielleicht, mal sehen.»

«Ich hab jetzt eine super Stelle. Koch im *Telehotel* in Unterföhring. Erstes Lehrjahr. Dreihundertvierzig Mark, freies Essen und Unterkunft. Die Arbeitszeiten sind genial. Spät anfangen, bis zehn arbeiten und dann ausgehen. Und alle Lehrlinge sind kräftig am Rauchen. Das wär doch was für dich.»

Das klang ganz danach. Meinem Vater würde ich die Sache allerdings anders schmackhaft machen müssen. Aber das sollte gehen.

Mein Vater war allein schon von der Tatsache begeistert, dass ich mal einen Vorschlag machte. Schon am nächsten Tag fuhren wir gemeinsam zum *Telehotel* nach Unterföhring, zum Vorstellungsgespräch beim Hotelchef.

Unterföhring ist ein Vorort von München, in dem heute alle großen Privatsender Deutschlands Studios oder sogar ihren Sitz haben. Als ich meine Lehre dort machte, gab es noch kein Privatfernsehen. In Unterföhring waren das Bayerische Fernsehen und das ZDF-Landesstudio untergebracht. Im *Telehotel* stiegen alle möglichen berühmten und weniger berühmten Leute ab, die etwas mit Fernsehen zu tun hatten. Trotzdem war das *Telehotel* nichts weiter als ein mittelmäßiger, trister Siebzigerjahrebau.

Es war früher Nachmittag, und Herr Felleisen, der Hotelchef, ein sportlich aussehender Enddreißiger mit dichtem schwarzem Haar, bat uns ins menschenleere Restaurant, wo meinem Vater ein Kännchen wässriger Kaffee serviert wurde und mir ein Cola-Mix. Mein Vater gab sein Bestes und pries mich Herrn Felleisen als ausbildungswilligen jungen Mann an, dem es vielleicht etwas an Führung mangele, der aber das Herz am rechten Fleck habe. Der Hotelchef schien nicht gerade begeistert, aber da ihm auch kein handfester Grund einfiel, der gegen meine Einstellung sprach, sagte er zu. Zum Abschluss des Gesprächs bat er meinen Vater, die Getränke zu bezahlen, die wir konsumiert hatten. Ich war als Lehrling im *Telehotel* untergebracht.

Auf der Heimfahrt räumte mein Vater ein, dass Herr Felleisen ganz schön geizig sei, aber es war nicht der Zeitpunkt, um in solchen Dingen kleinlich zu sein. Herrn Felleisens Geiz machte mir jedoch weniger zu schaffen. Mich beschäftigte, dass ich bis zu diesem Tag meines Lebens noch nie einen Gedanken ans Kochen verschwendet hatte, geschweige denn, es versucht hätte. Schon ein Spiegelei zuzubereiten hätte mich vor unüberwindliche Probleme gestellt. Bei uns zu Hause kochte meine Mutter. Sie war eine hervorragende Köchin, das war alles, was ich wissen musste. Von mir wurde noch nicht einmal verlangt, den Tisch abzuräumen. Jetzt, ahnte ich, hatten sich die Verhältnisse grundlegend geändert. Ich sollte Koch werden.

Regel Nr.  *Lerne das Universum des Absturzes kennen!*

Am nächsten Tag bezog ich mein Dienstzimmer im *Telehotel*. Ich teilte mir mit Daniel ein winziges Zweibettzimmer im Parterre. Ich fand es zwar schick, auf diese preisgünstige Weise und so überraschend schnell von zu Hause ausgezogen zu sein, aber die Aussicht, von jetzt an jeden Tag in die Arbeit gehen zu müssen, versetzte der Euphorie einen herben Dämpfer.

Die Menschen, die im *Telehotel* arbeiteten, wären ohne weiteres als Ensemble einer Freakshow durchgegangen. An der Spitze stand Herr Felleisen, der Hotelchef. Österreicher, Ex-Skilehrer, ein Mann mit einem ausgeprägten nervösen Tick, wie sich noch herausstellen sollte. Seine

Frau, eine frühere Schönheitskönigin der Steiermark, die stets in Reiterhosen herumlief und deshalb den Spitznamen Eva Braun verpasst bekommen hatte, stand ihm zur Seite.

Unter diesen beiden diente der Küchenchef, Herr Wastika. Das am Rand seiner Halbglatze sprießende, schüttere Blondhaar trug er schulterlang. Er war dürr, hatte ein Kugelbäuchlein und eine unerträgliche, irgendwie pantomimische Art von Humor. Er sah ungefähr so aus wie Otto Waalkes' verstoßener Bruder.

Der Hausmeister, Waldemar, wegen seiner Schmalzlocke Elvis genannt, war eine durch und durch verkrachte Existenz. Obwohl er bestimmt fünfzig war, empfand er eine geradezu infantile Begeisterung fürs Autofahren. Das Problem war, er hatte keinen Führerschein. Er behauptete, solange ich mit ihm zu tun hatte, er würde ihn demnächst «zurück»bekommen, aber wir alle waren der Ansicht, er habe nie einen besessen. Wenn ihn der Hotelchef glücklich machen wollte, was ab und zu vorkam, ließ er ihn mit dem Traktorrasenmäher auf dem Parkplatz vor dem Hotel herumkurven. Dabei geriet Waldemar jedes Mal in Ekstase und sang aus vollem Hals Elvis-Songs. Er war übrigens einer der wenigen aus der Truppe, der kein Alkoholiker war. Vermutlich weil er irgendwelchen geheimen und perversen Leidenschaften nachhing, dachten wir.

Siggi, der Spüler, hingegen war ein Voll-Alk auf dem Höhepunkt seiner Karriere. Wahrscheinlich war er keine vierzig, sah aber aus wie sechzig. Er wohnte im Dienstzimmer neben mir. Manchmal mussten wir ihm morgens eine Flasche Bier ans Bett bringen, die er in einem Zug austrank. Dann erst konnte er aufstehen.

Frau Dick, die Frühstücksköchin, ihres Zeichens Feier-
abendalkoholikerin, war spindeldürr, trug eine Brille mit
Flaschenbodengläsern und Kleinmädchenzöpfe, besaß eine
abnorm große Oberweite, ging auf die sechzig zu und war
sexuell noch immer sehr interessiert.

Außerdem war da noch Personal, das kam und ging:
Kaffeekocher, Spüler, Handlanger. Meistens einsame Männer um die fünfzig, die froh waren, nochmal eine Bleibe
gefunden zu haben.

Na ja, und schließlich gab es da diese sechs Lehrlinge,
von denen ich einer war. Wir waren alle sechs Kiffer. Daniel versorgte sie mit Stoff. Sogar Dieter, ein Altlehrling aus
Köln, der sich unter Daniels Einfluss vom Drogenhasser
zum passionierten Kiffer verwandelt hatte. Dieter war
schon 28. Er hatte von seinen Eltern mehrere Häuser ge-
erbt, die aber in wenigen Jahren durchgebracht und sich
dann entschlossen, jetzt «etwas Richtiges» zu machen. Also
entschloss er sich zu einer Kochlehre im *Telehotel*.

Ich wurde zum Dienst eingeteilt. Daniel und ich saßen bei
offener Tür auf unseren Betten, als Herr Wastika in unser
Dienstzimmer kam. Das heißt, er kam nicht einfach herein,
sondern trat auf: Zuerst sahen wir nur eine Faust, die sich
am Handgelenk hin und her drehte wie ein Kopf, der sich
umsieht. Sie klopfte am Türrahmen an, und erst dann wurde
Herrn Wastikas Kopf sichtbar. Er hatte die Brauen hoch-
gezogen wie Krusty der Clown und ließ die Augen rollen.

«Da sind ja meine Schützlinge! Daniel weiß es schon, der
Markus sicher auch, aber ich sag's jetzt trotzdem nochmal:
Wir machen hier Teildienst. Teildienst heißt, die Küche
arbeitet von zehn Uhr morgens bis zwei Uhr nachmittags

und von achtzehn Uhr abends bis zweiundzwanzig Uhr. Und der Markus, der ist Spüler!»

Herr Wastika machte ein Gesicht, als hätte er mir einen Lottogewinn mitgeteilt. Er wusste schon, was auf mich zukam. Ich noch nicht. Als ich am nächsten Tag um zehn in der Küche erschien, beorderte er mich an die Spüle, neben der sich Berge schmutzigen Geschirrs stapelten, und raunzte:

«In einer halben Stunde blitzt das alles.»

Ich spülte und spülte, bis meine Hände rot waren wie zwei Hummer. Als ich mit den Geschirrbergen, die ich vorgefunden hatte, fertig war, wurden neue hereingebracht.

«Da kommt schon der Nachschub von unseren Frühstücksgästen. Markus! Das ist deine Aufgabe», säuselte Herr Wastika.

Ich spülte weiter. Um zwei Uhr war ich so erledigt, dass ich nur noch schlafen wollte, was ich auf meinem Zimmer bis abends um sechs Uhr auch tat. Wieder zurück in der Küche, spülte ich die Geschirrberge, die «unsere Mittagsgäste» hinterlassen hatten, und anschließend, bis um zehn Uhr nachts, die «unserer Abendessensgäste». Ich schuftete wie ein Idiot und hatte keine Aussicht, jemals mit meiner Arbeit fertig zu werden, denn neben dem Spülen sollte ich noch regelmäßig die Küche ausfegen und am Ende jeder Schicht wischen.

Die ersten Wochen waren so hart, dass ich manchmal schlichtweg nicht mehr konnte. Ab und zu verdrückte ich mich in einen Winkel, einfach, um für eine Minute meinen Tränen freien Lauf lassen zu können, doch Herr Wastika hatte mich immer im Blick: «Frankl! Nicht nachlassen!»

Ich schlich zurück an meinen Arbeitsplatz. Siggi, der Chef-Spüler, war mir nicht gerade eine Hilfe. Anstatt auch hinzulangen, sah er mir nur zu, wenn ich, zwischen zwei Geschirrbergen, den Boden schrubbte, und wies mich höchstens darauf hin, dass ich hier oder dort eine Ecke vergessen hatte. Ich schwor mir: «Wenn ich im zweiten Lehrjahr bin, lasse ich diese Arbeit nicht den Frischling machen. Schließlich ist Bodenschrubben Spüleraufgabe.» Aber im Augenblick konnte ich nichts daran ändern. (Am Rande: Als ich schließlich ins zweite Lehrjahr eintrat, war es mir komplett egal, wer die niederen Drecksarbeiten machen musste, solange nicht ich es war. Und wenn ich sah, dass ein Neuling damit beauftragt wurde, war ich einfach nur froh, dass es nicht mich getroffen hatte. Ich hatte gelernt, dass es einem nur schaden konnte, gegen die Hierarchie zu arbeiten. Wenn man überhaupt etwas beigebracht bekam, dann war es, seine Privilegien nach unten zu verteidigen.)

Siggi war das totale Wrack. Trotzdem mussten wir uns um ihn kümmern. Jeder Mitarbeiter der Küche hatte drei Freigetränke am Tag, wir Lehrlinge holten uns also drei Cola-Mix an der Getränkeausgabe, Siggi selbstredend drei Bier. Damit konnte er aber nur einen Bruchteil seines Tagesbedarfs decken. Eines brauchte er zum Aufstehen, das zweite zum Frühstück, das dritte auf dem Weg in die Küche. Am Monatsende hatte Siggi regelmäßig kein Geld mehr für Alkohol, dann saß er am Frühstückstisch und bebte mehr, als er zitterte. Wir Lehrlinge wussten, was von uns erwartet wurde: Wir brachten unsere Cola-Mix zur Getränkeausgabe zurück und tauschten sie gegen Bier.

Obwohl wir erst 15, 16 und 17 Jahre alt waren, bekamen wir es ohne Probleme. Jeder wusste, dass wir es nicht selbst tranken, sondern Siggi gaben. Siggi bedankte sich in jämmerlichem Ton dafür, so wie ein Patient, der die lang ersehnte Medizin empfängt, und schüttete mindestens eine Bierflasche in einem Zug auf ex runter. Das Zittern ließ gleich nach.

Am Monatsanfang war Siggi wieder obenauf. Er ging in jeder sich bietenden Pause an den Ausschank und holte sich Bier und Dornkaat. Er verdiente 800 Mark netto im Monat, aber der Hotelchef ließ ihn ab dem vierten Getränk voll bezahlen. Schnäpse sowieso. Acht Bier und acht Dornkaat waren die normale Tagesration, die er bis zum Beginn der Spätschicht intus hatte. Deshalb geschah es, wenn er gut bei Kasse war, regelmäßig, dass er während der Arbeit in der Küche einfach umfiel, weil er so dicht war. Als ich das zum ersten Mal mitbekam, war ich entsetzt und wollte helfen, aber die anderen, die schon Bescheid wussten, winkten nur ab. Es war grotesk, aber niemand kümmerte sich um ihn. Wir, die wir arbeiten mussten, stiegen über ihn weg wie über eine Schwelle, von der man weiß, wo sie sich befindet, und die man deshalb gar nicht mehr ansieht.

Die Arbeit ging weiter. Aber komisch war das schon: Da lag ein Mensch am Boden, dem es wirklich nicht gut ging, und niemand schenkte dieser Tatsache auch nur die geringste Beachtung. Die anderen rissen ein paar Witze darüber, und das war alles. Nach einer Viertelstunde kam Siggi regelmäßig wieder zu sich. Wir bemerkten es daran, dass seine Hand auf der Tischplatte erschien, als käme sie aus

30

einem Grab. Das war der erste Versuch, sich hochzuziehen. Von da ab dauerte es noch ungefähr zwanzig Minuten, und schon kniete er. Und noch einmal zehn Minuten später schaffte er es tatsächlich, sich wieder aufzurichten. Ich überließ ihm das Spülbecken und begann den Boden zu schrubben. Siggi fing schwerfällig mit der Abräumarbeit an und dann mit dem Spülen. Dabei fluchte er laut und beschimpfte uns. Er war natürlich sauer, dass wir ihm nicht geholfen hatten.

Als dann um zwei die Mittagsschicht vorbei war, standen natürlich riesige Türme von schmutzigem Geschirr in der Küche herum. Siggi hatte ja die ganze Zeit am Boden gelegen, statt mir zu helfen. «Was ist denn los, Siggi? Heute so viel zu tun?», fragten die älteren Lehrlinge. Manchmal zündeten sie ihm die hinten herabhängenden Bänder seiner Schürze an oder stellten ihm eine glühend heiße Pfanne zum Abspülen hin. Wenn sie ihn besonders ärgerten, warf er mit einem Messer nach ihnen. Es war eine Art Sport, ihn so lange zu reizen, bis er es tat. Die volle Punktzahl gab es, wenn es einem gelang, rechtzeitig abzuhauen, die Küchentür hinter sich zuzuschlagen, sodass das geworfene Messer darin stecken blieb. Nach der Abendschicht trank Siggi noch ein letztes Bier, und dann war es an der Zeit, ihn auf das Zimmer zu bringen, das er sich mit Waldemar, dem Hausmeister, teilte. Das war, neben der Bierversorgung, ein weiterer sozialer Dienst an Siggi, der von uns Lehrlingen erwartet wurde.

Ich gewöhnte mich nach und nach ein. Je besser ich mit der Arbeit zurechtkam, desto mehr begann ich mich wieder für andere Dinge zu interessieren. Es wurde zum Ritual

31

unter den Lehrlingen, sich am Morgen vor dem Dienst im Personalraum im Keller zu treffen. Nachdem wir uns um halb zehn aus den Betten gequält hatten, bauten wir uns erst mal ein Schillum. Ein Schillum ist ein Hilfsmittel zum Doperauchen. Normalerweise werden Schillums aus Holz, Glas oder Porzellan hergestellt, aber wir benutzten Gemüse dazu. Paprika, Karotten, Salatgurken sind dafür sehr geeignet. Jeder Kochlehrling musste sich zu Beginn seiner Ausbildung einen Messerkoffer anschaffen, der die ungeheuerliche Summe von fünfhundert Mark kostete. Darin befanden sich Messer in allen Formen und Größen, die ein Koch, der wirklich kochte, in der Küche benötigte. Der Messerkoffer war ein edler, wertvoller Gegenstand, der etwas von der Würde und der Sachkunde ahnen ließ, die einen echten Koch ausmachten. Wir brauchten unsere Messerkoffer in der Ausbildung so gut wie gar nicht, aber sie erwiesen sich als sehr nützlich zur Anfertigung von Schillums. Mit Tourniermessern konnte man gut Mulden ausschneiden, mit langen, spitzen Messern feine Luftkanäle bohren. Es gab die gesamte Lehrzeit hindurch einen entspannten Wettbewerb um das schönste Schillum, an dem sich alle Lehrlinge beteiligten. Andere Leute bastelten an ihren Mofas herum, frisierten sie, lackierten sie und so weiter. Wir schnitzten Schillums, und je mehr wir unsere Techniken verfeinerten, desto schöner wurden sie. Wir versahen sie mit Ornamenten und Dekorationen. Und schließlich benutzten wir sie auch in schöner Regelmäßigkeit jeden Morgen, jeden Nachmittag und jeden Abend.

Wie man sieht, eröffnete mir die Lehre ganz neue, ungeahnte Aspekte des Lebens. Einerseits lernte ich viele nette gleich gesinnte Jugendliche kennen, andererseits jede Menge kaputte Existenzen, deren letzte Rettung dieser Hotelbetrieb war, der sie auffing. Alleine wären sie noch nicht einmal in der Lage gewesen, sich eine Sozialwohnung zu organisieren. Als ich zwanzig war, kannte ich mich im Universum des Absturzes also schon recht gut aus. Es gehört zur Gastronomie, und es ist gut, darüber Bescheid zu wissen, sonst steckt man schnell mittendrin.

Regel Nr.  *Nie aufgeben!*

Manchmal ging es im *Telehotel* tatsächlich auch ums Essen und Trinken. Die Küche im *Telehotel* verarbeitete jedoch im Wesentlichen Tiefkühlkost, die gerade groß in Mode gekommen war und der die Zukunft zu gehören schien. Die Abkürzung dafür lautete sinnigerweise TK.

Kam ein Ausflugsbus mit Rentnern, fütterten wir sie mit Tonnen von TK-Rouladen, TK-Kroketten und TK-Gemüse ab. Alles andere wäre zu kompliziert gewesen.

In den achtziger Jahren begannen auch die Deutschen, exotisches Frischgemüse zu entdecken. Vorher gab es keine Zucchini, keine Auberginen, weder Broccoli noch Rucola. Diese Dinge tauchten noch nicht einmal in unseren Lehrbüchern auf. Aber dann kam plötzlich jedes halbe Jahr ein neues Gemüse auf den Markt. Im *Telehotel* allerdings gab es nur Weißkohl. Unser Küchenchef glaubte nicht an exotisches Gemüse, er hielt es für Schnickschnack. Er schwor auf Mixed Pickles. Zu seltenen Anlässen wurde aber schon mal auf die TK-Küche verzichtet, wenn auch nicht immer ganz freiwillig.

Hans «Hänschen» Rosenthal, der berühmte «Dalli-Dalli»-Showmaster, war regelmäßiger Gast im *Telehotel*, wie übrigens auch Dieter Thomas Heck und viele, heute vergessene Schlagerstars dieser Zeit.

Herr Rosenthal war mit Herrn Felleisen, dem Hotelchef, «befreundet». Das bedeutete: Jedes Mal, wenn Herr Rosenthal im *Telehotel* abstieg, empfing ihn Herr Felleisen in der Lobby und flötete:

«Herr Rosenthal, ich *froiiiee* mich, Sie wieder in unserem Haus begrüßen zu dürfen!»

Während er *froiiiee* trällerte, zog er vor Anspannung den Pullover bis zu den Knien hinunter. Das tat er übrigens immer, wenn er erregt war, und weil das oft vorkam, waren alle seine Pullover ausgeleiert und reichten in entspanntem Zustand bis zu den Oberschenkeln.

Und Hänschen Rosenthal antwortete pflichtgemäß:

«Aber ja, lieber Felleisen! Ich komme auch immer wieder gerne. Es ist schon beinahe so, wie wenn man nach Hause kommt.»

Herr Felleisen lebte für dieses kleine Ritual, und wenn sich die Gelegenheit bot, versäumte er es nie, auf seine vertraute Bekanntschaft mit Herrn Rosenthal hinzuweisen.

Rosenthal übernachtete im *Telehotel*, wenn er neue Folgen

von «Dalli-Dalli» im ZDF-Studio aufzeichnete, und wenn er da war, schien das ganze Haus plötzlich Glanz und Glamour zu verströmen. Na ja, man bemühte sich jedenfalls.

Bevor er sich, meist am frühen Nachmittag, ins Studio aufmachte, hatte er die Angewohnheit, im Restaurant «eine kleine Stärkung» zu sich zu nehmen. Sie bestand aus einer Tomatensuppe mit Sahnehäubchen und einem Schuss Wodka.

Sie durfte ihm ausschließlich vom Hotelchef persönlich serviert werden – worauf der Hotelchef bestand, nicht Herr Rosenthal. Herr Felleisen genoss dieses köstliche Privileg in vollen Zügen, während er die Suppe in der Rechten balancierte und mit der Linken seinen Pullover bis zum Zerreißen dehnte.

Herr Rosenthal betrat das am Nachmittag meist leere Restaurant, wo Herr Felleisen – Pulli auf halbmast – ihn schon erwartete.

«Mein lieber Felleisen. Hätten Sie wohl eine Tomatensuppe für mich? Sie wissen schon: mit einem Schuss Wodka und einem Sahnehäubchen.»

«Aber sicher, Herr Rosenthal. Ist sozusagen schon unterwegs.»

Herr Felleisen spurtete in die Küche.

Die Zubereitung von Hans Rosenthals Tomatensuppe gehörte im zweiten Lehrjahr zu meinen Pflichten. Ein Beweis großen Vertrauens, der durch nichts gerechtfertigt war. Trotzdem war immer alles gut gegangen, denn eine Päckchensuppe heiß zu machen, einen Schuss Wodka hineinzugeben und ein Sahnehäubchen draufzusetzen war sogar für mich nicht zu schwer.

Herr Felleisen kam also in die Küche gewetzt und hauchte mir zu:

«Markus! Herr *Rooosenthal* ist da – die Tomatensuppe. Aber bitte dalli, dalli!»

Bei *Rooosenthal* war der Pulli wieder auf Kniehöhe, und ich wusste, dass jetzt nichts schief gehen durfte. Es ging auch nie etwas schief, bis auf einmal. An diesem Tag war in dem Schrank, in dem die Päckchensuppen aufbewahrt wurden, die Tomatensuppe aus. Ich wusste nicht warum, es war einfach keine da.

Ich fragte Dieter, der gerade zufällig herumstand, wo ich jetzt auf die Schnelle eine Instant-Tomatensuppe herkriegen könne. Er grinste nur:

«Tja, Frankl. Jetzt sitzt du in der Scheiße!»

Es gab nur noch einen – schrecklichen – Ausweg: Ich musste Herrn Wastika in seinem Büro stören und ihm die Lage schildern. Wenn er keine Idee hatte, war alles verloren. Ich klopfte zaghaft an seine Tür.

«Herr Wastika, ich habe ein Problem!» Ich hauchte jetzt schon beinahe so wie Herr Felleisen: «Herr Rosenthal hat eine Tomatensuppe bestellt – und ich habe keine. Ich *finde* einfach keine!»

Herr Wastika schenkte mir einen kurzen hasserfüllten Blick, der bedeuten sollte: «Das wirst du mir büßen!», rannte zu meinem Kochplatz, stellte eine hochwandige Pfanne auf den Herd, schmiss eine Hand voll in Lichtgeschwindigkeit geschnittener Zwiebeln hinein, Butter dazu, Brühe darüber, Tomatenmark, einen Schuss Sahne, kochte es einmal kurz auf, nahm die Pfanne von der Platte, goss den Inhalt der Pfanne in einen Teller, gab einen Schuss

Wodka dazu und setzte ein Sahnehäubchen obendrauf. Das Ganze dauerte nicht länger als eine Minute. Schon kam Herr Felleisen und fragte, vor Besorgnis kaum noch hörbar, nach der von Herrn *Rooosenthal* bestellten Suppe.

Herr Wastika drückte ihm wortlos den fertigen Teller in die Hand und dampfte wutschnaubend ab ins Büro, wo er die Tür hinter sich zuschlug.

Ohne sich weiter um uns zu kümmern, trug Herr Felleisen die Suppe hinaus, als schreite er einer Prozession voran.

Etwa zehn Minuten später kam Herr Felleisen in die Küche zurück, schloss die Tür hinter sich und fragte:

«Wer hat diese Suppe gemacht?»

Die anderen wendeten schadenfroh die Köpfe nach mir. Ich sah betreten zu Boden. Herrn Wastikas Kopf schoss aus dem Türspalt seines Büros, als wäre es eine Kuckucksuhr, und er krähte:

«Der Frankl war's! Der Frankl hat diese Suppe zu verantworten!»

Die Stunde der Wahrheit war offenbar gekommen. Plötzlich strahlte Herr Felleisen über das ganze Gesicht und erklärte feierlich:

«Herr Rosenthal hat gesagt: Das ist die beste Tomatensuppe, die ich je bei Ihnen gegessen habe! – Bravo, Frankl! Bravo!»

Meine Erleichterung war grenzenlos. Und Wastika, die linke Ratte, konnte mir nichts anhaben. Schließlich hatte er zuerst gelogen. Immerhin hatte mir die Geschichte gezeigt, was ein echter Koch alles konnte. Davon war ich allerdings noch weit entfernt.

Herr Wastika entschied sich, mir größere Aufgaben zuzu-
teilen. Eines Tages sagte er:

«Frankl, heute Abend kommt ein Bus. Die Gäste bekommen alle Schweinebraten. Ich bereite den jetzt vor und
schiebe ihn ins Rohr. Dann mache ich Mittagspause und
komme um sechs wieder. Und du holst den Braten um drei
wieder heraus, verstanden? Um drei Uhr.»

Logisch hatte ich das verstanden, ich war nicht blöd.
Herr Wastika bereitete alles vor, pfefferte acht Schweinekeulen in eine riesige Reine, würzte sie mit Fondor und
schob sie ins Rohr. Dann ging er. Da ich nichts weiter zu
tun hatte, als um drei den Schweinebraten aus dem Rohr
zu holen, verzog ich mich aufs Dienstzimmer, wo ich
Daniel traf. Um zwei Uhr begann ja die Mittagspause, und
Daniel baute gerade ein Schillum aus einer Gurke, dem er,
aus Dekorationsgründen, Stacheln aus Zahnstochern ver-
passte. Als er fertig war, rauchten wir das erste Schillum,
und Daniel erklärte mir, dass er die Lehre satt habe und
bald hinschmeißen würde. Ich war entsetzt. Immerhin war
er es gewesen, der mich hierher gebracht hatte. Er erzählte
mir von seinen Plänen: Er wollte eine Marihuana-Plantage
außerhalb von L. A. aufziehen oder als Künstler nach
Berlin gehen. Jedenfalls irgendetwas machen, das wirklich
Zukunft hatte. Wir rauchten noch ein Schillum, diskutier-
ten das Für und Wider dieser Pläne und rauchten noch ein
Schillum. Bis mir einfiel, dass ich ja die Schweinekeulen
aus dem Rohr hätte ziehen sollen. Da war es halb sechs.
Ich rannte in die Küche, in der Gott sei Dank noch niemand war. Es roch eigentlich auch kaum verbrannt. Doch
als ich den Herd aufklappte, war es, als hätte ich das Tor

zur Hölle geöffnet. Eine gewaltige Rauchwolke brach hervor und hüllte die gesamte Küche in dichte, graue Schwaden. Auf den Schweinekeulen, die sich in faustgroße Briketts verwandelt hatten, züngelten Flammen. Sie schwammen in siedendem Öl. Das Ganze sah aus, als könne es jeden Moment explodieren. Also musste gelöscht werden. Ich holte einen Eimer Wasser und schüttete ihn in den Herd. *Jetzt* erst gab es tatsächlich eine Explosion, die mich von den Beinen riss. Wasser auf siedendes Öl gibt eine hübsche Reaktion – ich hatte nun mal von Chemie keine Ahnung. Ich rappelte mich hoch, rannte los und holte den Feuerlöscher. Als ich gerade den Abzug betätigen wollte, tauchte plötzlich Herr Wastika neben mir auf und riss ihn mir aus der Hand.

«Bist du wahnsinnig! Nicht mit dem Feuerlöscher!», rief er.

Er schaltete die Lüftung aus, warf ein paar Geschirrtücher ausgebreitet über die Flammen. Nach kurzer Zeit war das Feuer erstickt.

Als die Katastrophe gebannt war, fragte ich schüchtern:

«Warum darf man denn den Feuerlöscher nicht zum Feuerlöschen verwenden?»

Wastika warf mir einen vernichtenden Blick zu.

«Weil man dann die ganze Küche putzen muss, du Idiot.»

Als Herr Felleisen von der Sache erfuhr, strich er mir für zwei Wochen die Freigetränke, und für die Busreisegesellschaft am Abend zauberten wir schnell ein anderes Potpourri wohlschmeckender TK-Gerichte. Aber anders als Daniel dachte ich trotzdem nicht übers Aufhören nach.

Regel Nr. **5** *Zieh mal was durch!*

Die Idee, eine Marihuana-Plantage anzulegen, ließ Daniel und mich nicht mehr los. Wir bereiteten unseren Coup von langer Hand vor. Im Winter präparierten wir die Setzlinge. Auf nassen Tempo-Taschentüchern brachten wir die Cannabis-Samen, die Daniel von seinen Freunden besorgt hatte, zum Keimen. Als sie so weit waren, setzten wir sie in Blumentöpfchen ein und zogen sie mit viel Mühe und Liebe im Keller von Daniels Elternhaus auf. Im Frühjahr dann wollten wir sie im Freien einpflanzen, damit sie richtig groß werden konnten. Wir hatten keine genaue Vorstellung davon, wo wir sie anpflanzen würden, aber ich hatte eine Idee. Meine Eltern liehen mir ihren Wagen, und ich fuhr zu Daniel. Wir luden die Pflänzchen ein und ließen sie unverdeckt auf dem Rücksitz stehen, denn wir wollten sie nicht etwa durch eine darüber gelegte Plastiktüte zerstören. So fuhren wir durch die Stadt, im Auto meiner Eltern, die Rückbank voller Cannabis-Pflanzen, durch die Hauptstadt des von der CSU regierten Bayernlandes, die keine Gnade für Kiffer kannte. Weil wir kein Geld für Benzin hatten, durften wir uns nicht allzu weit von der Stadt entfernen, sonst hätten wir nachtanken müssen. Aus irgendeinem Grund hatte sich in meinem Gehirn die Vorstellung festgesetzt, ein kleines, sonnenbeschienenes Wäldchen nahe der Autobahnumgehung Aschheim sei der ideale Platz für unsere Plantage.

Wir fuhren hin, und wirklich, es war ein guter Platz. Nicht zu nahe an der Autobahn, kein Haus in der Nähe, keine Siedlung, ein landwirtschaftlicher Weg in der Nähe, aber vermutlich kaum befahren. Wir mussten allerdings bald feststellen, dass Fußgänger vorbeikamen. Spaziergänger, die uns beide, die wir gar nicht wie städtische Landschaftsgärtner aussahen, argwöhnisch ansahen.

Eine Frau mit Pudel kam vorbei. Ihr Hund war noch jung und verspielt, er sprang zwischen unseren Beinen herum und trampelte auf die frisch eingesetzten Pflänzchen. Daniel schrie ihn an, der Pudel fetzte in Todesangst davon. Sein Frauchen ließ sich das natürlich nicht gefallen, kam mit den Fäusten in den Hüften auf uns zu gedampft und stellte uns zur Rede. Ich wusste nicht, was ich sagen sollte, aber Daniel lachte sie aus, bis sie samt Pudel Leine zog, zutiefst empört über so viel jugendliche Unverschämtheit.

Wir machten mit unserer Gärtnerarbeit weiter und waren

42

beinahe schon fertig, als wir plötzlich hinter uns eine Männerstimme hörten:

«Grüß Gott! Was machen Sie denn da?»

Es war diese typische gutturale, tiefe bayerische Polizistenstimme, die ihren Dialekt mühsam unterdrückt und betont harmlos klingen will.

Die hinter meinem Rücken gestellte Frage traf mich wie ein Stromschlag. Ich drehte mich um, sah den Beamten, wich einen Schritt zurück und stammelte unbegreiflicherweise:

«T... Tee! Tee! Wir machen Tee!»

Ich hatte nicht lange über diese Antwort nachgedacht. Zwei junge Männer bauen an einem einsamen Wegstück an der Autobahnumgehung Aschheim Tee an? Keine sehr überzeugende Geschichte.

Der Polizist hatte das im Blut und sagte misstrauisch:

«Aha. Tee also. Dann kommen S' amal mit, bitt schön.»

Wir gingen mit ihm zum Streifenwagen, der nicht weit weg stand.

Der Polizist hatte eine Pflanze gepflückt und rief nun einen Kollegen an, der ihm weiterhalf. Er selbst wusste offenbar nicht, wie Cannabis aussieht. Aber an seiner Miene ließ sich ablesen, dass ihm während des Telefonats klar wurde, einen ganz großen Fang gemacht zu haben: grün, fünfzackige, haarige Blätter, das mittlere am längsten – das war eindeutig Rauschgift! Er nahm uns auf der Stelle fest und lud unseren gesamten Pflanzenbestand in den Kofferraum des Streifenwagens.

Daniel und ich kamen vors Jugendgericht. Angeklagt wurden wir aber nicht einfach wegen des Besitzes unserer Pflänzchen. Der Staatsanwalt machte sich vielmehr den

Spaß, auszurechnen, was diese Pflänzchen bei gutem Ge-
deihen an Ertrag abgeworfen hätten: ein Kilogramm Gras!
Ich persönlich glaube ja, dass unsere Plantage nicht gedie-
hen wäre und bestimmt nichts abgeworfen hätte. Aber mit
dieser Meinung stand ich offenbar allein. Wir hatten ein
richtig fettes Problem.

Ich bekam Sozialstunden aufgebrummt und ein Wochenende Einzelhaft in Neudeck, dem Münchener Gefängnis
für den jugendlichen Straftäter. Daniel musste auch in Neudeck einrücken, aber zu einem anderen Zeitpunkt.

Bei meinen Sozialstunden im Altenheim lernte ich einen
Typen kennen, der auch Strafdienst machte. Irgendwie
hatte ich erfahren, dass er schon mal in Neudeck gewesen
war und jetzt wieder hinmusste. Für ein Wochenende, genau wie ich. Ich fragte ihn, warum. Er hatte im Suff einer
alten Frau eine Bierflasche über den Schädel gezogen und
sie ausgeraubt! Ich war komplett schockiert. Ich, der ich
nur mein Bewusstsein ein bisschen hatte erweitern wollen,
bekam dafür die gleiche Strafe wie dieses Monster für
einen Raubüberfall auf eine alte Frau!

Es kam noch schlimmer. Der Typ hatte mir von den
Hafterleichterungen und den Privilegien erzählt, die er in
Neudeck bekommen hatte. Er durfte seine Privatklamotten
behalten, Zigaretten rauchen, Zeitschriften lesen, all diese
Dinge. Ich sollte gleich nach dem Einrücken feststellen,
dass dies für mich nicht galt. Als BTMler, also jemand, der
wegen «Betäubungsmittelmissbrauchs» saß, bekam ich die
schlechteste Behandlung. Ich musste Anstaltskleidung anziehen, sie gaben mir einen viel zu kurzen grauen Anzug
aus Sackleinen, in dem ich aussah wie ein Lebensläng-

44

licher. Lesen durfte ich die Bibel und Fachliteratur, sonst nichts. Ich durfte mit niemandem sprechen, ausgenommen dem Häftling, der mir das Essen durch die Tür reichte und der nicht mit mir sprach. Hofrundgänge oder andere Anlässe, die Zelle zu verlassen, gab es nicht. Am Freitagnachmittag um siebzehn Uhr wurde ich in meine Zelle gesperrt, am Montag in der Früh um acht wieder entlassen. Ich hatte mir natürlich einzureden versucht, es sei cool, ein Wochenende im Knast zu verbringen, aber spätestens am Samstagmorgen wusste ich, es war einfach nur scheiße. Meine Uhr hatte ich auch nicht behalten dürfen. Einzig durch die erste Straßenbahn, die, wie ich wusste, um fünf Uhr morgens fuhr, konnte ich mich zeitlich ein wenig orientieren. Das Fenster in meiner Zelle war so hoch, dass man unmöglich hinaussehen konnte. Es war wirklich nicht witzig. Immerhin durfte ich in meinem Ausbildungsbuch « Der junge Koch » lesen, das ich mir mitgenommen hatte und in das ich mich jetzt vertiefte. Draußen hatte ich einfach nicht die Zeit dafür gehabt, aber jetzt war es das Spannendste, was ich tun konnte. Ich lernte all die Garnituren auswendig, die bei der Abschlussprüfung drankommen konnten: Kalb Calypso, Schwein Esterházy, Rind Manuela, Seezunge Colbert. Alles, was ich in der theoretischen Prüfung wissen würde, verdankte ich diesem Wochenende. Schön war es trotzdem nicht. Als ich am Montag in der Früh entlassen wurde, um rechtzeitig zur Arbeit fahren zu können, beschloss ich, in meinem Leben nie wieder etwas zu tun, was mich zurück an diesen Ort bringen könnte.

Die Schwierigkeiten mit der Ausbildung aber waren damit noch keineswegs erledigt. In der Berufsschule drohte neuer Ärger. Der Unterricht fand jeden Freitag statt, und da ich in der Nacht von Donnerstag auf Freitag meistens ausging, hatten sich im Lauf des dritten Lehrjahres so viele Fehlstunden angesammelt, dass mein Klassenlehrer, Herr Dobelmaier, es nicht länger hinnehmen wollte. Als ich eines Freitags wieder zwei Stunden zu spät kam, empfing er mich mit den Worten:

«Frankl, jetzt reicht es. Jetzt sind Sie dran.»

Er beorderte mich in der Pause ins Lehrerzimmer. Als ich dort vorstellig wurde, führte er mich in ein Nebenzimmer, in dem wir allein waren. Er baute sich drohend vor mir auf und rechnete mir meine Fehlstunden vor.

«Selbst wenn ich beide Augen zudrücke, Herr Frankl, ist das einfach zu viel. Sie müssen dieses Schuljahr wiederholen, und wahrscheinlich werden Sie deshalb Ihre Lehrstelle verlieren. Oder haben Sie irgendeine Erklärung dafür, die mich umstimmen könnte?»

Ich gab mich niedergeschlagen und einsichtig. Da mir nichts Besseres einfiel und sowieso alles zu spät schien, antwortete ich nach einer Weile des Schweigens:

«Entschuldigen Sie, Herr Dobelmaier, ich bin drogensüchtig.»

Diese Antwort hatte ganz außerordentliche Wirkung auf Herrn Dobelmaier. Ich hatte mir eigentlich keine Vorstellung davon gemacht, wie er auf meine Eröffnung reagieren würde. Er rang um Fassung. Wahrscheinlich versuchte er kurz durchzurechnen, was da auf uns alle zukommen konnte, wenn er meinem Geständnis nachging. Meldung an die Schulleitung, Amtsarzt, Polizei, Verhöre, Vorwürfe gar, warum er nichts bemerkt hatte. Das alles war ihm wohl zu heikel, jedenfalls sagte er nach einem erneuten längeren Schweigen nur:

«Ja, wenn's so ist, Frankl, dann, dann – bessern Sie sich.»

Die Unterredung war beendet. Zwar bemühte ich mich wirklich um Besserung und verbrachte die verbleibenden Freitage vor der Prüfung weitgehend in der Berufsschule, aber Herr Dobelmaier verfolgte die Ahndung meiner Abwesenheiten ohnehin nicht länger.

Daniel hingegen war nach seinem Knastaufenthalt fertig mit der Welt. Er wollte sich erst mal krankschreiben lassen, und weil der Arzt sich weigerte, drosch er sich mit einem Holzknüppel in der Küche, der eigentlich dazu da war, Fische totzuschlagen, so lange auf die linke Hand, bis sie auf Ballongröße anschwoll. Jetzt blieb dem Arzt keine andere Wahl mehr. Bald danach schmiss Daniel die Lehre und verließ unsere gemeinsame Bleibe für immer. Wir sollten uns erst viele Jahre später wieder sehen.

Der Tag der Prüfung kam, und ich hielt mich, dank meiner intensiven, staatlich geförderten Vorbereitung, für gut gerüstet. So einiges, was die internationale Hotelküche dem Koch von heute abverlangte, hatte ich drauf: zumindest so ungefähr und theoretisch. Wovor sollte ich also Angst haben, als ich am entscheidenden Tag das Innungsgebäude betrat, um meine Prüfung abzulegen? Meine Prüfungsaufgabe lehrte es mich:

Gefüllte Kalbsbrust mit Kartoffelknödel und Krautsalat.

Ein bayerisches Essen. Eines, das ich noch nie gekocht hatte. Auch theoretisch wusste ich nicht Bescheid, weil ich nie im Leben auf die Idee gekommen wäre, dass so etwas Banales drankommen würde. Ich war erschüttert. Erwartet wurde bei der Kochprüfung natürlich eine *selbst gemachte* Füllung mit *selbst gemachten* Kartoffelknödeln und einem *selbst gemachten* Weißkrautsalat. Ich hatte keine Ahnung, wie ich das anstellen sollte. Im *Telehotel* kamen die gefüllte Kalbsbrust vom Metzger, die Kartoffelknödel von Pfanni und der Weißkrautsalat aus dem Eimer.

Die Prüfung begann damit, dass man eine Zutatenliste schreiben musste – selbstverständlich, ohne zuvor ein Kochbuch zu konsultieren.

Es sollte mich wundern, wenn meine Liste vollständig gewesen wäre, aber immerhin bekam ich genug Material, um überhaupt anfangen zu können. Wir hatten zwei Stunden Zeit. In der Großküche, in der die Prüfung stattfand, herrschte eine spannungsvolle, beinahe festliche Atmosphäre. Immerhin hatte sich für den Abschluss der Feierlichkeiten Ministerpräsident Franz-Josef Strauß, bekanntlich ein Metzgerssohn, angekündigt, um den vorzüglichsten Prüflingen die Hand zu schütteln und ausgiebig von ihren Leckereien zu probieren.

Ich setzte einen Topf mit Wasser für das Kraut auf und fing gleichzeitig mit der Füllung für die Kalbsbrust an. Ich gab zu viel Milch dazu, sodass sie zu weich wurde. Statt eines festen goldgelben Teigs sah sie bei mir aus wie fahler, milchiger Schlamm, der mir durch die Finger troff. Ich stopfte das Zeug in die Kalbsbrust und nähte sie so schnell ich konnte zu. Es sah erbärmlich aus. Die Füllung, die diesen Namen wirklich nicht verdiente, lief aus allen Ritzen sofort wieder heraus. Um das kägliche Ergebnis meiner

Bemühungen nicht länger ansehen zu müssen, schob ich
die Kalbsbrust ins Rohr.

Ich hatte einen Topf mit Wasser für das Kraut aufgesetzt;
besser hätte ich zwei Töpfe mit heißem Wasser aufgesetzt,
da ich ja auch noch Knödel zubereiten sollte. So, wie
die Dinge lagen, hatte ich jetzt nur einen Topf mit kochen-
dem Wasser für Kraut *und* Knödel. Nicht weiter schlimm,
dachte ich. Ich entschloss mich, zuerst das Kraut zu kochen, dann die Knödel. Das Kraut konnte ich im Rohr heiß
stellen, bis die Knödel fertig wären, und alles könnte rechtzeitig und heiß dem sicher schon hungrigen Ministerpräsi-
denten serviert werden. So weit, so gut. Das Problem war
nur: Als ich das Kraut herausnahm, war das Wasser gallegrün. Aus irgendeinem unsinnigen Grund hoffte ich, meine
Kartoffelknödel würden, wenn ich sie in diesem Wasser
kochte, *nicht* gallegrün. Also legte ich sie Stück für Stück
hinein. Als ich sie schließlich wieder herausnahm, *waren* sie
selbstverständlich gallegrün, außerdem halb zerfallen und,
um es freundlich zu formulieren, bestenfalls fladenförmig.
In diesem Augenblick begriff ich, dass ich dringend professioneller Hilfe bedurfte.

Die Aufsichtspersonen, die in der Großküche anwesend
waren, waren gestandene Köche aus guten Hotels und
großen Gasthäusern der Stadt, die ihre Prüfertätigkeit von
der Innung bezahlt bekamen. Nur so einer, ein echter
Maître, konnte mir jetzt noch beistehen. Den für mich zuständigen sprach ich an. Eine der beiden Prüfungsstunden
war bereits vergangen, aber es war noch nicht alles zu spät.
Ich ging zu diesem Mann.

«Darf ich Sie was fragen?»

«Ja, Frankl, was ist denn?»

«Wollen Sie sich mal ansehen, was ich da so fabriziere? Ich glaube, ich habe ein Problem mit meinen Knödeln.»

«So, ja dann zeigen S' mir das doch einmal.»

Er sagte das betont gelassen, schon um mir zu zeigen, dass ein echter Koch niemals die Nerven verlieren durfte. Als er aber am Ort meiner Verfehlungen angelangt war, war er es, der beim Anblick meiner Knödel die Nerven verlor.

«Frankl! Willst du mich blamieren?!»

Er rechnete wohl nicht ernsthaft mit einer Antwort auf seine Frage und entwickelte eine geradezu geisterhafte Schnelligkeit. Er rannte davon, um wenige Minuten später mit allen Zutaten, die mir noch gefehlt hatten, wieder aufzutauchen. Er riss den Herd auf, holte die Kalbsbrust heraus, öffnete sie, räumte meine Füllung heraus, stärkte sie mit Semmelbröseln, rührte Kräuter unter, stopfte alles wieder hinein, nähte sie zu und schob sie wieder ins Rohr. Dann setzte er frisches Wasser auf, rührte neuen Knödelteig an, formte die Knödel und gab sie hinein. In Rekordtempo erledigte er meine gesamte Prüfungsarbeit. Als er fertig war, raunte er mir zu:

«Wenn das hier vorüber ist, Frankl, will ich dich nie wieder sehen, verstehst du. Nie wieder!»

Als die zwei Stunden vorbei waren, durften sich alle Prüflinge mit ihren Arbeiten in einer Reihe aufstellen, dann kam der Ministerpräsident. Er kam, begleitet vom obligatorischen schweren Polizeischutz.

Von dem einen oder anderen Prüfling ließ er sich eine Kostprobe reichen. Als er vor mir stand, sah er sich kurz meine Kalbsbrust an, warf mir einen flüchtigen Blick zu –

und ging weiter. Irgendein natürlicher Instinkt hielt ihn davon ab, zu probieren, was ich verbrochen und mein Meister notdürftig gerettet hatte. Als der Ministerpräsident meine Kalbsbrust passiert hatte, sah ich meinen Meister aufatmen. Er durfte dem Landesvater auch bei künftigen Anlässen mit reinem Gewissen unter die Augen treten. Der unvermeidliche, für ihn gewiss unverzeihliche Nebeneffekt allerdings war, dass er mir zum Bestehen der Kochprüfung verholfen hatte.

Als ich mein Abschlusszeugnis bekam, stand darin eine 4 minus – die schlechtestmögliche Note. Aber immerhin, ich war nun ein gelernter Koch. Und ein freier Mann.

Regel Nr. **6**   ***Sieh dich um in der Welt!***

Wer einmal seine Berufsausbildung mit Erfolg abgeschlossen hat, dem steht, wie jeder weiß, das Tor zum Erwerbsleben weit offen.

Ich jedenfalls checkte schon eine Woche nach meinem Abschied aus dem *Telehotel* im *Café Größenwahn* ein. Das *Café Größenwahn* gehörte den Leuten, die auch das *Tanzlokal Größenwahn* betrieben. Der Name stammte von einem berühmten Künstlercafé, das es vor dem Ersten Weltkrieg in Schwabing gegeben hatte, und auch in den beiden Größenwahns der Achtziger trafen sich viele, die später als Maler, Schriftsteller, Schauspieler, Filmleute und so weiter berühmt wurden. Den größten Teil der Gäste machten allerdings die Leute aus, zu denen auch ich mich zählte. Es war diese zwei-, dreihundertköpfige Partyclique, die in den späten Siebzigern mit Ska, Punk und New Wave angefangen hatte und jetzt dafür sorgte, dass es ein halbwegs nennenswertes Münchener Nachtleben gab. Das Tanzlokal war eine Diskothek, das *Café Größenwahn* eine Kneipe, und dort gab es auch eine Küche. Die Betreiber beider Größenwahns waren mehr oder weniger alle schwul und natürlich begeistert, als sich ein knackiger Zwanzigjähriger bei ihnen um die Stelle des Küchenchefs bewarb. Ich bekam den Job und dazu ein für meine Begriffe wirklich fettes Gehalt.

Ich stellte mich zur Freude meiner Chefs mit nacktem Oberkörper und Kippe im Mundwinkel in die Küche und schwenkte Pfannen und Töpfe. Mit meinen organisatorischen Pflichten war ich jedoch noch ziemlich überfordert. Und ich hatte Durchsetzungsschwierigkeiten bei den älteren Mitarbeitern, will sagen: bei beinah allen, denn ich war mehr oder minder der Jüngste im Team. Trotzdem hielt ich ungefähr ein halbes Jahr durch. Mein Kontostand entwickelte sich in dieser Zeit so prächtig – ich hatte bald zweitausend Mark zusammen! –, dass ich bald nicht mehr anders konnte, als zu kündigen.

Zu dieser Zeit beschäftigte fast alle Jungs in meinem Alter das Bundeswehrproblem. Ich hatte nicht verweigert und gab mir wenig Chancen, dem Wehrdienst zu entkommen, als ich den Musterungsbescheid bekam. Im *Café Größenwahn* war jedoch ein Psychotherapeut Stammgast, der mir weiterhelfen konnte. Er schrieb mir ein Gutachten, das ich beim Kreiswehrersatzamt einreichte – sie wollten mich nie wieder sehen. Ich hatte die Stellungnahme des

Therapeuten zwar gelesen, aber nicht verstanden. Was immer da stand, es musste so verheerend sein, dass die Bundeswehr auf meine Dienste verzichtete.

So einfach ging das nicht bei allen. Mein Freund Eddy zum Beispiel wollte auch nicht zum Bund, hatte aber vergessen, rechtzeitig zu verweigern, und anders als ich keinen guten Arzt an der Hand. Also haute er kurz nachdem er achtzehn geworden war, von zu Hause ab und begab sich auf Weltreise; das heißt, zuerst fuhr er mit dem Zug nach Ingolstadt. Irgendwie lernte er einen alten Engländer kennen, der ein Segelboot besaß, einen hochseetauglichen Trimaran, und der nahm ihn, von der Donau aus, mit aufs weite Meer. Der Engländer hieß Tristan Jones und war Schriftsteller. Er hatte nur ein Bein und war Kriegsveteran. Als vierzehnjähriger Junge war er mit einem englischen Passagierschiff, das von der «Bismarck» versenkt wurde, gefahren und hatte bei dem Angriff ein Bein verloren. Er war weit in seinen Sechzigern, als Eddy ihn kennen lernte, doch immer noch ein kräftiger Seebär, der allein einen Hochseesegler steuern konnte. Eddy wurde sein Assistent, sein Sekretär und sein Mädchen für alles. Tristan Jones hatte allein den Atlantik überquert und fuhr nun mit Eddy weiter über die Donau ins Schwarze Meer, durch den Suezkanal und weiter nach Südostasien. Als Eddy einmal für kurze Zeit in München war, um seine Mutter zu besuchen, schaute er auch im *Café Größenwahn* vorbei und erzählte mir von seinen Abenteuern mit Tristan Jones in Israel und Ägypten, im Jemen und auf den Meeren, die sie befahren hatten. Ich war begeistert und hoffte, auch einmal dabei sein zu können.

Ein halbes Jahr nach Eddys Besuch war es so weit. Tristan Jones und Eddy waren auf einer thailändischen Insel gelandet und hatten offenbar vor, dort für eine Weile zu bleiben.

Ich hatte genug Geld, um sie dort zu besuchen, und machte mich auf den Weg. Ich flog nach Kuala Lumpur und reiste von dort mit dem Zug weiter. Auf der Insel gab es ein grandioses Wiedersehen mit Eddy. Ich stellte mir vor, dass ich nun den Rest meines Lebens als Weltreisender und Abenteurer verbringen würde, auch wenn ich keine genauen Vorstellungen davon hatte, wie das aussehen sollte.

Eddy und Tristan Jones lebten in der geräumigen Villa eines reichen Griechen, der sie ihnen während seiner Abwesenheit überlassen hatte. Ich zog bei ihnen ein, obwohl Tristan Jones nicht allzu begeistert von meiner Ankunft zu sein schien. Eddy erklärte mir, wie die Dinge hier liefen. Jones hatte einen «Charity Found» gegründet, um behinderten Kindern zu helfen. Er sammelte Geld, indem er Spendenaufrufe in englischen und thailändischen Zeitungen erscheinen ließ. Außerdem schrieb er Artikel für die «Bangkok Post», durch die ein bisschen Geld hereinkam. So viel konnte es allerdings nicht gewesen sein, denn nach der Begrüßung ließ mich Jones durch Eddy als Erstes fragen, ob ich ihm Geld geben könne. Ich gab ihnen fast alles, was ich hatte, und war von da an aufgenommen in ihren Kreis. Die Villa des Griechen hatte Jones zu einem Heim für behinderte Kinder umfunktioniert, die auch dort lebten, und zu seiner Ehrenrettung muss ich sagen, dass er sich wirklich um sie kümmerte, soweit er die Mittel dazu hatte.

Es waren ungefähr fünfzehn Kinder, die meisten von ihren Familien allein gelassen. Er versorgte sie mit regelmäßigem Essen, mit Kleidung. Denen, die wie er ein Bein oder einen Arm verloren hatten, beschaffte er Prothesen, und er kümmerte sich darum, dass sie regelmäßig zur Schule gingen. Meine Aufgabe wurde es, für sie zu kochen. Damals, 1987, war Thailand noch längst nicht so touristisch erschlossen wie heute. In der Nähe der Villa gab es keine Restaurants oder Geschäfte, in denen man Lebensmittel einkaufen konnte. Aber es war ein kleines Dorf in der Nähe. Ich ging mit Eddy, der etwas Thai gelernt hatte, dorthin und besuchte die einheimischen Frauen, die vor ihren Häusern kochten. Ich lernte von ihnen, welche Zutaten sie verwendeten und wie man ein wohl schmeckendes Büffelgulasch zubereitet. Von den Gewürzen nahm ich meist nur die Hälfte, für unsere europäischen Gaumen war das immer noch scharf genug. Ich lernte, so zu kochen, dass meine thailändischen Abnehmer, die behinderten Kinder, mich schon bald dafür lobten. Nur Tristan Jones war immer noch nicht zufrieden mit mir.

Eddy hatte mir die Vorzüge des Thai-Grases nahe gebracht. Es war spottbillig, und wir rauchten den ganzen Tag über. Wenn Jones überhaupt etwas zu mir sagte, war es:

«Stop smoking that grass, you fucking pot-kraut!»

Für mich war das alles trotzdem in Ordnung, aber schon nach zwei Monaten wurde das Geld so knapp, dass etwas geschehen musste. Eddy und ich gingen in die Stadt, wo es auch damals schon die Bars für die Sex-Touristen gab. Eddy hatte eine neue Geldquelle aufgetan. Die Frauen, die es geschafft hatten, Adressen ihrer deutschen Freier zu ergattern, schickten ihnen Bettelbriefe nach Deutschland. Eddy übersetzte diese Briefe, schmückte die deutsche Version ein wenig aus. «Lieber Horst, du bist nun schon eine Woche weg, doch ich kann dich nicht vergessen. Ich würde so gerne zu dir nach Deutschland kommen. Weil das aber nicht möglich ist ... » und so weiter. Manchmal kamen tatsächlich Briefe mit Geld zurück, und die Frauen gaben Eddy etwas davon ab. Genug war es nicht. Nach drei Monaten war ich vollkommen abgebrannt. Alles, was ich noch besaß, war das Rückflugticket nach Deutschland.

Regel Nr. **7** *Handle, wenn die Zeit reif ist!*

Als ich wieder in München ankam, blieb mir nicht viel anderes, als in einer Küche anzuheuern. Es gab immer irgendwelche Läden in Schwabing oder den anderen Ausgehvierteln, die gerade einen Koch suchten. Wann immer ich wollte, konnte ich arbeiten, ein Blick in die Zeitung genügte. Das ist auch heute, in den Zeiten von Hartz IV, noch so. Jedoch – wenn ich drei Wochen am Stück in einer Kneipenküche stand, ereilte mich regelmäßig eine Sinnkrise. Während alle anderen Party machten, stand ich zwischen glühend heißen Töpfen und Pfannen und rackerte mich ab. Wie hätte ich mich damit anfreunden können? Ich arbeitete immer so wenig wie möglich, ver-

suchte zu sparen und reiste, wenn ich genug Geld zusammenhatte, um die Welt.

Wenn ich danach abgebrannt nach Hause kam, durfte ich, was die Jobs anging, nicht wählerisch sein. Ich habe in so erlesenen Lokalen wie dem *Café Capri*, dem *Hoppala* («Erste Münchner Quatschothek»), dem *Traders Bistro* gearbeitet. Lokale, die jeder kennt, ohne ihre Namen je gehört zu haben. Es sind diese Kneipen, die es in jedem Ort Deutschlands gibt, von der Kleinstadt aufwärts. Natürlich war in München auch immer noch ein bisschen Schickimicki dabei, oder wenigstens das Bemühen darum, aber ansonsten dürfte der Unterschied nicht sehr groß sein. Es waren Läden, die weder Stil hatten noch irgendeine Idee, was sie eigentlich wollten. Irgendwer hatte sie einfach eröffnet, damit er sagen konnte: «Ich habe jetzt eine Kneipe aufgemacht.» Wenn sie überhaupt liefen, dann nur kurze Zeit und mit einem Zufallspublikum, das schnell wieder wegblieb, wenn es anderswo etwas Besseres entdeckte. Ich fragte mich oft: Warum macht sich jemand, der sich auf das finanzielle Abenteuer einlässt, ein Lokal zu eröffnen, so wenig Gedanken, was in diesem Lokal genau stattfinden soll?

Ich hatte vom Kochen genug und wollte etwas anderes machen. Aber was gab es für Alternativen? Ich hatte ja nur Kochen gelernt, und auch das nur mehr schlecht als recht. Ich hatte einen Führerschein, also arbeitete ich als Kurierfahrer. Wie viele las ich gerne Raymond Chandlers Kriminalromane und überlegte mir, ob ich es nicht mal als Privatdetektiv versuchen sollte. Ich bewarb mich bei einem der Unternehmen, die ihre Dienste in den Telefonbuchanzeigen anbieten. Ich traf meinen Auftraggeber in einem Hotel in Berchtesgaden. Ein kleiner, glatzköpfiger, brutal aussehender Mann, der Goldkettchen und Tennissocken zum Anzug trug. Ich sollte tatsächlich untreue Ehefrauen observieren, mit dem Auto verfolgen und so weiter. Ich war für den Job vollkommen ungeeignet. Die ersten beiden Frauen, die ich beobachten sollte, verlor ich aus den Augen, und die dritte kam in der Lobby eines drittklassigen Hotels in München, als ich mich in einer Sitzecke hinter einer Zeitung verschanzt hatte, direkt auf mich zu und fragte: «Sie hat doch mein Mann geschickt, oder?»

Ich musste mir also überlegen, was ich besser konnte, als mich unauffällig zu verhalten. Ich jobbte wieder als Koch. Ich arbeitete in der Kantine eines Rüstungsunternehmens, das Plastiksprengstoff herstellte, ich gründete eine Catering-Firma mit einem Kumpel, aber wir bekamen zu wenig Aufträge. Ich versuchte mich als Foodstylist in der Werbung. Ich musste Essen so zubereiten, dass man es fotografieren konnte. Wer macht sich schon Gedanken darüber, wie die Nahrungsmittel präpariert werden, die in der Werbung in Anzeigen und Fernsehspots präsentiert werden?

So vergingen die Jahre. Ich führte kein schlechtes Leben, hatte im Großen und Ganzen genug Geld, um meine Reisen machen zu können und, wenn ich in München war, abends auszugehen. Da ich nie länger als drei Monate Vollzeit arbeitete, hatte ich Freizeit wie ein Student. Viele meiner Freunde und Bekannten waren Studenten oder arbeiteten in Läden, in denen ich nachts unterwegs war.

Verantwortung wollte ich keine übernehmen, sondern frei sein für den Fall, dass mir endlich die rettende Idee, die große Chance, über den Weg lief. Was für eine Idee oder Chance dies sein könnte, war mir allerdings schleierhaft. Und es war erstaunlich, wie lange ich diesen schwerwiegenden Sachverhalt zu ignorieren vermochte.

Es war im Winter 1995, als ich endlich begriff, dass ich so nicht weitermachen konnte. Ich hatte gerade wieder einen Koch-Job hinter mir und gründlich die Schnauze voll davon. Catering-Aufträge waren Fehlanzeige, die Partys, auf denen ich mit meinem Kumpel Carl zusammen Hamburger briet, fanden im Sommer statt. Es gab nichts zu tun, ich war ziemlich pleite und mit der Miete im Rückstand. Und weil ich nicht aus der Wohnung fliegen wollte, blieb mir nur eine Wahl. Ich musste mein geliebtes Motorrad verkaufen. Anfang der Neunziger fanden meine Freunde und ich es cool, sich die Haare wachsen zu lassen, an alten Maschinen herumzuschrauben, Leder zu tragen und Motörhead zu hören. Meine Maschine war eine Laverda 750 S, Baujahr 1969, zwei Zylinder Twin. Ein echtes Prachtstück, das ich in mühevoller Bastelarbeit hergerichtet hatte. Ihr Motor war so laut, dass die Nachbarn Eier aus den Fenstern warfen, wenn ich sie im Hof laufen ließ. Was ich sage: ein Prachtstück. Und jetzt musste ich sie hergeben. Immerhin brachte sie ein paar tausend Mark. Sie war der letzte Wertgegenstand, den ich besaß. Es hatte keine zwei Tage gedauert, bis sie mir ein Sammler, den ich damit glücklich machte, aus den Händen gerissen hatte. Ich fühlte mich schrecklich. So etwas sollte mir nie wieder passieren.

Vielleicht war es diese Geschichte, die mir den entscheidenden Arschtritt gab. Dazu kam noch etwas. Ich war jetzt dreißig. Ich war seit über einem Jahrzehnt im Nachtleben unterwegs und kannte die Münchener Szene wie ein Kind seinen Sandkasten. Es gab keine Kneipe, keine Band, keine Clique, mit der ich nicht vertraut war. Und ich genoss das noch immer, aber es füllte mich nicht mehr so aus, wie es mich mit neunzehn ausgefüllt hatte. Im *Baader Café*, das nach wie vor mein liebstes Stammlokal war, gehörte ich mittlerweile fast zum Inventar. Nicht, dass mir das was ausgemacht hätte, aber ich spürte trotzdem ganz deutlich, es war Zeit, etwas zu ändern.

Regel Nr.  *Aus allem lässt sich was machen*

Meinem Freund Carl erzählte ich die Geschichte von meiner Laverda. Da er mit Motorrädern nichts am Hut hatte, wollte ihm die Tragik der Sache nicht wirklich einleuchten. Trotzdem gab er sich mitfühlend. Carl und ich hatten uns die ganzen Jahre über nie vollständig aus den Augen verloren, obwohl er viel unterwegs war. Wir waren befreundet, seit wir als Sechzehnjährige gemeinsam das *Tanzlokal Größenwahn* und die Punk- und New-Wave-Szene für uns entdeckt hatten. Doch während ich meine Lehre im *Telehotel* absolvierte, wurde er in den besten Hotels Europas zu einem erstklassigen Restaurant-Fachmann ausgebildet.

Als er im *Le Méridien* in London arbeitete, besuchte ich

ihn dort. Carl war Sous-Chef, das heißt, er war für die
Organisation des Restaurants zuständig. Dennoch konnten
wir uns nur auf der Straße treffen. Als Bekannter eines
Bediensteten rangierte ich auf der menschlichen Skala ganz
unten. Es war mir noch nicht einmal erlaubt, das Hotel
durch den Personaleingang zu betreten. Carl arbeitete im
Ritz in Paris, im *Vier Jahreszeiten* in München und in
etlichen anderen solcher noblen Häuser, die so gar nichts
mit der Welt zu tun hatten, in der ich mich bewegte. Doch
Carl war weniger zufrieden mit seinem Leben, als der Glamour seiner Arbeitsplätze hätte vermuten lassen. Die
klangvollen Namen, die mondänen Orte verloren viel von
ihrem Reiz, wenn man dort nicht als Gast in einer Suite
abstieg, sondern zwölf Stunden täglich schuften musste,
um sich ein eher spärliches Gehalt zu verdienen.

Zwischen seinen Auslandsaufenthalten zog es Carl
immer wieder nach München zurück. Und wann immer
wir uns sahen, zogen wir gemeinsam durchs Nachtleben
der Stadt und malten uns aus, wie das wäre, endlich unseren eigenen Laden aufzumachen. Endlich nicht mehr für
irgendwen zu schuften, sondern für die Leute, für die es
sich lohnte. Endlich einen Laden zu haben, in den nur diejenigen gingen, die man wirklich sehen wollte. Über Jahre
war das nur Gerede gewesen, aber dieses Mal war es anders. Ich sah Carl jetzt öfter, denn er war wieder nach
München gezogen und arbeitete in einem gediegenen so
genannten Romantik-Hotel auf dem Land, das bekannt
war für seine besonders gut organisierten Hochzeits- und
Betriebsfeiern. Eine militärisch straff geführte Personal-
organisation und konsequente Überbuchungen sicherten

den Inhabern einen hervorragenden Umsatz und Carl Arbeitseinsätze bis zum Umfallen. Manchmal, wenn wegen Überbuchungen zwei oder gar drei Feier-Gesellschaften gleichzeitig mit dem Personal für eine bewirtet werden mussten, bedeutete das für alle härteste Knochenarbeit, mindestens zwölf Stunden, von nachmittags bis spätnachts. Und wenn endlich der Feierabend näher rückte, gab es meist noch zwei, drei männliche Partyüberbleiber, die auch noch nach dem zwölften allerletzten Schnaps nicht ins Bett wollten. Und nicht einmal ein Dankeschön, geschweige denn ein Trinkgeld, war von solchen Herrschaften zu erwarten.

Kurzum, für keinen von uns beiden gab es viel zu verlieren. Das eigene Lokal musste her. Wir hatten, wie wir annahmen, genug Erfahrungen im Berufs- und Nachtleben gesammelt, um vielleicht nur jeden zweiten Anfängerfehler zu begehen.

Mein Weg von der S-Bahn-Station Isartor zu mir nach Hause führte mich regelmäßig durch die Mariannenstraße, in der mir ein Laden aufgefallen war. Zuerst hatte er ein paar Monate lang *Kajak* geheißen, jetzt zierte ihn ein Schild mit dem Namen *Babolino*. Die Inhaber waren, soweit ich wusste, Jugoslawen. Das *Babolino* versuchte, wie zuvor das *Kajak*, ein Animierlokal zu sein, so wie es sie im züchtigen München eigentlich nur in der Schillerstraße am Hauptbahnhof und in der Hofbräuhausgegend gibt.

Ich habe niemals, egal, zu welcher Tages- oder Nachtzeit, irgendeinen Gast ins *Kajak* oder später ins *Babolino* gehen sehen. Herauskommen natürlich auch nicht. Man konnte aus der Ferne riechen, dass der Laden nicht lief.

Die Pächter wechselten offenbar schnell. Ich hegte also die vage Hoffnung, er könnte vielleicht einigermaßen günstig zu kriegen sein. Das war eine Grundvoraussetzung, denn alles, was ich an Kapital in die Lokaleröffnung stecken konnte, würde ich mir von meinen Eltern und Freunden zusammenschnorren müssen. Kredite mit kurzer Laufzeit. Meine Kneipe müsste bald Geld abwerfen und durfte nur wenig kosten. Ohne zu wissen, ob und wie die Leute im *Babolino*, mit denen ich noch nie gesprochen hatte, auf meine Pläne reagieren würden, erzählte ich Carl von dem Laden, und wir gingen ein paarmal möglichst unauffällig an der Straße vorbei.

Carl fiel als Erstes das weiß erleuchtete Schild auf, das einen gut gelaunten Hasen mit einem Glas Bier in der Hand zeigte. Darüber stand in vermutlich vom Wirt selbst aufgeklebten Buchstaben *Babolino*, darunter: Hasen-Bräu, Augsburg. Brauereien pachteten in der Regel die Lokale von den Hauseigentümern, um sie dann an die Wirte weiterzuverpachten. Es war also klar, dass auch wir – sollten wir denn tatsächlich jemals die Nachfolge des *Babolino* antreten – einen Vertrag mit «Hasen-Bräu, Augsburg» würden abschließen müssen.

Wenn München überhaupt für irgendetwas weltberühmt ist, dann für sein Bier. Löwenbräu, Hacker-Pschorr, Paulaner, Augustiner, Spaten – Namen wie Donnerhall. Hasen-Bräu klang dagegen – beschissen wäre noch geprahlt. Und dann kam es auch noch ausgerechnet aus Augsburg, der kleinen ungeliebten Schwesterstadt im Westen, von der, wie jeder Münchener weiß, selbst der Augsburger Brecht gesagt hatte, das Beste an Augsburg sei der

66

Zug nach München. Und: Direkt gegenüber vom *Babolino*
war eine traditionelle Münchener Wirtschaft, die Augustiner-Bier ausschenkte, das Bier, das besonders bei den jün-
geren Leuten ohnehin den Ruf genoss, das beste von allen
zu sein. Carl sagte:

«Das ist nicht dein Ernst, Maki. Aus dieser Bruchbude
willst du einen vernünftigen Laden machen? Hast du im
Lotto gewonnen?»

«Schau dir das an, es ist immer leer, den Pächtern geht
bestimmt bald die Luft aus, wir kriegen das billig. Das ist
ein riesiger Vorteil, verstehst du?»

«Siehst du das Schild da? Die schenken *Hasen-Bier* aus.
Bier von einer *Hasen-Brauerei*. Und das in München. Und
gegenüber ist eine Augustiner-Wirtschaft. Willst du dazu
vielleicht Filterkaffee in Kännchen anbieten?»

«Komm, wir gehen einfach mal rein und reden mit den
Leuten da drin. Vielleicht erfahren wir ein bisschen mehr.
Schau dir doch den Laden erst mal an, bevor du nein sagst.»

Das *Babolino* war wirklich ein deprimierender Schuppen.
Es roch fürchterlich nach kaltem Rauch und totem Hund.
Hier war seit Monaten nichts los, das spürte man. Japani-
sche Paravents standen herum. Wände, Sitzflächen und
Böden waren mit speckigem Plüsch bezogen, vor der Bar
prangte das Prunkstück des Lokals, ein hellblauer Plüsch-
teppich mit dem geschwungen eingewobenen Schriftzug
Babolino. Wow. So was kostet. Wenn der Inhaber dieses
Ladens je Geld gehabt hatte, steckte es in diesem Teppich.

Der Wirt stand hinter der Bar und beobachtete uns beim
Hereinkommen. Er war vielleicht fünfundzwanzig und
sprach mit Akzent. Er trug ein Knebelbärtchen und einen

67

schwarzen Anzug mit weit aufgeknöpftem weißem Hemd.
Er machte auf Geschäftsführer. Leider war außer ihm niemand da, der ihm dabei hätte zuschauen können.

«Guten Abend, die Herren», begrüßte er uns.

«Guten Abend», erwiderten wir.

«Leider sind heute keine Damen da. Die Damen, beziehungsweise die Dame, hat für heute abgesagt. Aber Sie können gerne trotzdem etwas trinken.»

«Ja, ja, sicher doch. Ein Bier hätte ich gerne», sagte ich.

«Hm, für mich auch eines, bitte. Aber nur, wenn es sich um ein Original-Hasen-Bräu handelt», sagte Carl.

«Aber gewiss, die Herren. Original-Hasen-Bräu, gewiss», beruhigte ihn der Wirt, der sich über Carls Bemerkung nicht zu wundern schien.

Um unser Gespräch in die richtige Richtung zu bringen, erzählte ich ihm, ich sei hier in der Gegend aufgewachsen und schon so oft an diesem Laden vorbei-, aber noch nie hineingegangen, und jetzt hätte ich das nachgeholt, zusammen mit meinem Kumpel, einfach so, aus purer Neugier.

«Ah, so ist das.» Der Herr Geschäftsführer ließ sich nicht in die Karten gucken.

«Nicht gerade der vollste Tag heute, nicht wahr?», stellte Carl fest.

Es gelang uns, ein bisschen über die Schwierigkeiten des Geschäfts im Allgemeinen zu palavern. Ich versuchte, währenddessen einen Blick in die Küche zu werfen, deren Tür offen stand.

Der Geschäftsführer bemerkte es und fragte, mich plötzlich duzend:

«Brauchst du Boxen?»

Ich war mir nicht sicher, ob ich ihn richtig verstand.

«Nein, nein, nicht nötig.»

«Doch, doch, ich habe prima Boxen für dich. Komm mit. Komm mit in die Küche.»

Nicht die Boxen interessierten mich, aber die Küche. Ich wollte wissen, ob sie komplett renoviert werden musste, denn dafür hätte ich in keinem Fall das Geld gehabt. Sie schien in ganz gutem Zustand zu sein, war halbwegs ordentlich geputzt und offenbar schon länger nicht mehr in Gebrauch. Jedenfalls nicht als Küche. Dafür standen jede Menge Hi-Fi-Boxen herum, richtig viele. Ich sah den Herrn Geschäftsführer fragend an.

«Alles voll legal. Brauchst du welche?»

Ich dankte. Ich hatte keinerlei Interesse an Hi-Fi-Boxen. Doch der Laden gefiel mir. Ich wollte ihn haben, am besten gleich. Ich war mir so sicher, dass ich einfach fragte, ob er nicht vielleicht vorhätte, früher oder später auszuziehen. Vielleicht nicht die geschickteste Verhandlungstaktik, aber mehr als nein sagen konnte er ja nicht. Und wenn er ja sagte, müsste ich ohnehin mit dem Verpächter reden.

«Kann schon sein, dass ich hier eines Tages rausgehe. Ich habe sowieso das Gefühl, ich muss mich vergrößern», sagte er. «Aber ich weiß noch nicht, wann.»

Immerhin gab er mir den Namen und die Telefonnummer des Verpächters, was ich so verstand, als solle ich die Verhandlungen aufnehmen.

«Aber eines ist klar», sagte er. «Wer hier mein Nachfolger wird, muss meinen Teppich übernehmen – und all die anderen Sachen. Ich gehe nur, wenn ich eine Abfindung kriege. Eine gute Abfindung.»

Ich hielt es für klug, darüber vorerst nicht zu diskutieren. Carl und ich verabschiedeten uns und versprachen, uns wieder zu melden. Als wir draußen waren, war ich in Feierlaune.

«Wir kriegen den Laden. Wir kriegen ihn!»

«Ich weiß nicht, ob das ein Grund ist, sich zu freuen.»

Carl fand, der Laden sei eine Katastrophe, total heruntergekommen, außerdem in einer, was das Nachtleben betraf, völlig toten Gegend. Er hatte Recht: Alle guten Lokale befanden sich rund um den Gärtnerplatz. Die Mariannenstraße liegt im Lehel in einer reinen Wohngegend. Die Lage war keineswegs ein Pluspunkt. Was hatte mir bloß gefallen? Die vergammelten Tapeten? Der vergammelte rote Plüsch? Natürlich nicht. Um ehrlich zu sein, ich wusste nicht, was mich damals so sicher machte, das Richtige zu tun. Aber ich *war* mir sicher.

Es ist doch so: Man betritt einen Raum und bekommt sofort ein Gefühl dafür. Ich konnte mir, als ich mich im *Babolino* umsah, einfach vorstellen, dass daraus mein Lokal werden würde. Man musste viel tun, klar. Aber es war möglich. Wenn man zur Tür hereinkam, wurde man sofort neugierig. Über einen kurzen Flur gelangte man zu einer kleinen Treppe. Über sie erreichte man links die Hauptfläche des Lokals, die ein Holzgeländer umfing. Am Ende des Raumes stand die Bar. Ging man von der Holztreppe geradeaus weiter, kam man in einen kleineren, lang gezogenen Gastraum und zu einem Hinterzimmer, einer Art Séparée. Das Ganze war nicht groß, vielleicht sechzig Quadratmeter. Trotzdem vermittelte es, weil die Decken hoch waren, den Eindruck von Großzügigkeit. Man musste nur

70

den ganzen Plüsch herausreißen und den Laden angenehm gestalten. Durch die zwei Ebenen und die Aufteilung in drei, den Eingangsbereich mitgerechnet vier Räume wirkte er trotz seiner bescheidenen Fläche auf eine anziehende Weise unübersichtlich. Das Auge langweilt sich, wenn sich ihm schon auf den ersten Blick alles preisgibt. Und ich stellte mir vor, bei einer Aufteilung in mehrere Räume sähe das Lokal auch noch gut besucht aus, wenn nur wenige Gäste da wären. Dass das einmal nicht unser Problem sein würde, konnte ich bei der ersten Besichtigung ja noch nicht ahnen.

Wir kamen zurück in meine Wohnung und saßen wieder an meinem Küchentisch. Carl hatte den ersten Schock verdaut. Er nippte nachdenklich an seinem Kaffee und fragte mich, um das Thema zu wechseln:

«Wie willst du deine Kneipe eigentlich nennen?»

Ich legte eine kleine Kunstpause ein. Ich hatte schon eine Idee, fürchtete aber, meine Antwort könne ein zweiter Schock für ihn werden.

«Nage & Sauge.»

Carl lachte. Ohne jeden Zweifel hielt er meinen Vorschlag für einen Scherz.

«Nage & Sauge, das ist gut. Nein, im Ernst. Wie würdest du sie nennen?»

«Ja, wirklich: Nage & Sauge.»

«Entschuldige: Nage & Sauge, was soll *das* denn sein?»

Die Frage war berechtigt. Mein Bruder hatte mir in Jugendzeiten mal eine Postkarte aus den Skiferien geschickt, auf der nichts stand als: «Alles Prima. Hasenmäßig spitze. Nage & Sauge gut.» Nicht gerade genial, die Worte eines Vierzehnjährigen eben, vielleicht ganz witzig, aber auch nicht mehr. Trotzdem waren sie mir aus irgendeinem Grund seit anderthalb Jahrzehnten nicht aus dem Kopf gegangen. Im Gegenteil, in unserer Familie war «Nage & Sauge» ein – zugegeben etwas merkwürdiger – privatsprachlicher Ausdruck für Essen und Trinken geworden. Und er wanderte – warum auch immer – ständig in meinem Kopf herum, wenn ich über das Lokal nachdachte, das ich eines Tages eröffnen würde.

Carl fand den Namen «Nage & Sauge» nicht nur schlecht, er fand ihn absurd, eine Totalkatastrophe. Er hätte gerne einen Namen gehabt, der angenehme Assoziationen weckte, dem Gast etwas Süßes, Weiches, Angenehmes in Aussicht stellte – «Honig» vielleicht. «Nage & Sauge», das klang bestenfalls obszön!

Nur über eine Sache konnten wir uns an diesem Abend einig werden: das Logo des Lokals.

Ich fand in einem Buch mit alten Firmenzeichen eine Marke, die mir zu passen schien: drei gelbe Enten, die auf einem blauen Hintergrund munter hintereinanderher marschieren. Es war das Logo einer brandenburgischen Spielzeugfabrik in den zwanziger Jahren des zwanzigsten Jahrhunderts. Jetzt wurden sie zum Wahrzeichen des *Nage & Sauge*. Die Enten mochte Carl sofort. Später, als der Film «12 Monkeys» mit Brad Pitt herauskam, stellten wir fest, dass unsere drei Enten darin vorkamen. Carl besorgte sich das Foto eines Filmstills, auf dem der Koffer des Giftmörders zu sehen ist – mit unseren drei Enten darauf. Ich bin mir sicher, der Giftmörder aus «12 Monkeys» war nie im *Nage & Sauge*, und ich habe keine Ahnung, wie die

drei Enten auf diesen Koffer gekommen sind – es ist
ein Mysterium, und das Foto, das es bezeugt, hängt heute
noch an einem Ehrenplatz bei mir im Flur.

 *Wisse, worauf du dich einlässt*

Es dauerte nicht mehr lange, dann hing im Schaufenster des *Babolino*, das nun schon das Ziel meiner Träume war, ein Karton mit der Aufschrift «zu verpachten».

Ich rieb mir die Hände, nahm all meinen Mut zusammen, rief den Verpächter, Herrn Holz, an und stellte mich vor:

«Ich möchte gerne Ihr Lokal in der Mariannenstraße übernehmen.»

Ein kleiner Schritt für die Menschheit, ein großer Schritt für mich. Mit diesem Satz hatte ich die Sache endgültig ins Rollen gebracht. Jetzt musste ich beweisen, dass ich es draufhatte. Für mich war das ein enormes Wagnis, aber

Herr Holz nahm's naturgemäß gelassen. Seit Jahren war die Kneipe spätestens alle sechs Monate von einem neuen Pächter übernommen worden und nie gelaufen. Er wunderte sich vermutlich nur, dass sich immer wieder ein Unglückseliger fand, der sie haben wollte. Doch solange er wenigstens für ein paar Monate sein Geld bekam, sollte es ihm recht sein.

Ich besuchte ihn, um den Pachtvertrag auszuhandeln. Er wohnte genau über dem Lokal und war ein freundlicher, rüstiger Herr Anfang siebzig. Vielleicht ist das zu freundlich formuliert. Er war nicht gerade Peter Lustig, der sympathische Opa, sondern ein urbayerischer ehemaliger Metzger vom Schlachthof. Er verhandelte hart, war aber nicht maßlos, und wir einigten uns auf eine halbwegs bezahlbare Pachtsumme, die trotzdem weit mehr ausmachte, als ich bis dahin im Monat verdient hatte. Die Bruchbude gehörte mir.

Es war mir zwar angenehmer, einen Verpächter aus Fleisch und Blut zu haben, als zum Beispiel eine Versicherungsgesellschaft, andererseits befürchtete – und hoffte – ich, dass es in meinem Lokal lauter werden würde als im *Babolino*. Und mein Verpächter wäre der Erste, der das zu spüren bekäme. Gute Führung war angesagt.

«Wie wollen S' es denn nennen, Ihr Lokal?»

Ich redete nicht lange herum:

«*Nage & Sauge.*»

«Aha, aha. Das wird eher etwas für junge Leute, nehm ich an.»

«Ja, das hoffe ich.»

«Aha, dann wünsch ich Ihnen viel Glück damit, Herr, äh, Nagel.»

Ich verabschiedete mich, setzte mich in den Lieferwagen, den ich mir von einem Freund geliehen hatte, und fuhr ins Westend. Dort hatte ich einen Termin. In einem Anzeigenblatt hatte ich eine interessante Annonce entdeckt.

«Gaststättenauflösung, Westend, Inventar gegen Entgelt abzugeben.» Im Westend gab es noch einige alte Münchener Gaststätten, und ich hatte die Hoffnung, dort vielleicht auf Dinge zu stoßen, die brauchbar waren und nicht so aussahen wie im Großmarkt gekauft.

Was ich vorfand, war ein Bild des Jammers. Eine verlassene Wirtsstube, völlig verdreckt und heruntergekommen, und eine alte Frau, schwer gezeichnet von vierzig Jahren Kneipenleben, die ihre letzten Habseligkeiten verkaufte. Ihr Mann war vor einigen Monaten gestorben, und alleine schaffte sie es nicht, die Wirtschaft weiter zu betreiben. Sie war die Pacht für die letzten Monate schuldig geblieben, und der Vertrag war gekündigt worden. In kurzer Zeit hatte sie so viele Schulden angehäuft, dass sie sie in diesem Leben nicht mehr würde zurückzahlen können. Es ging über ihre Kräfte. Nun saß sie da, in ihrer groß geblümten Küchenschürze, und verkaufte mir zu einem Spottpreis Teller, Gabeln, Messer, Gläser, alles, was ich wollte. Sie erzählte mir, sie habe mit ihrem Mann zusammen ein ganzes Leben lang Kneipen und Wirtschaften gepachtet. «Und jetzt, mit fünfundfünfzig, ist das alles vorbei.» Ich war ziemlich entsetzt. Sie sah eher aus wie fünfundsiebzig. Und hat sich wohl auch so gefühlt.

Die durchschnittliche Lebenserwartung männlicher Wirte liegt laut Berufsgenossenschaft bei 56 Jahren. Und Frauen dürfen auch nur mit zwei Jahren mehr rechnen.

Sogar Fremdenlegionäre haben eine bessere Aussicht darauf, ihre Rente zu erleben.

In einem Stehausschank sah ich einmal auf einem Holztäfelchen an der Wand in Reimform die Hauptgründe dafür verewigt, dass dies so ist:

Alkohol und Nikotin
rafft die halbe Menschheit hin,
doch ganz ohne Schnaps und Rauch
stirbt die andere Hälfte auch.

Nur eben vielleicht ein bisschen später. Das stand nicht da.

Wirte dürfen auch nicht darauf hoffen, in der kurzen Zeit, die ihnen auf Erden vergönnt ist, Reichtümer zu erwerben. Einige schaffen es zwar, aber sie bleiben die Ausnahme. Jährlich geht in jeder Großstadt ungefähr ein Drittel der gastronomischen Betriebe Pleite. Natürlich werden auch andauernd neue Lokale eröffnet. Diese Fluktuation ist es ja gerade, die die Sache so interessant macht. Zumindest für die Gäste.

Wissenswertes dieser Art erfährt man übrigens bei der örtlichen Kreisverwaltungsbehörde, die einem den Wirteschein ausstellt. Wer Wirt werden will und keine branchenspezifische Ausbildung wie zum Beispiel Koch hat, muss nämlich den Wirteschein machen. Aber keine Angst, man muss keine Prüfung ablegen, lediglich einen Vormittag bei einer Schulung in der Industrie- und Handelskammer verbringen. Dort wird einem erzählt, was man als Wirt so alles beachten sollte, was in der Hackfleischverordnung steht, dass Steuerhinterziehung verboten ist, dass ein Drittel der Anwesenden schon bald wieder auf der Straße stehen wird und so weiter. Am Ende gibt's den Freischein, und der Typ, der ihn dir aushändigt, weiß, dass deine Chancen eins zu drei stehen, dich in den nächsten Monaten für den Rest deines Lebens unrettbar zu verschulden.

Erstaunlich eigentlich – in Deutschland braucht man für beinahe jedes Gewerbe einen Meisterbrief, aber Wirt kann wirklich jeder werden.

In einer Stadt wie München gibt es ungefähr 10 000 Kneipen. Ungefähr 3000 eröffnen jedes Jahr neu, und etwa 3000 machen im gleichen Zeitraum Pleite. Die Möglichkeiten, billig an Töpfe, Teller, Geschirr und Gläser zu kommen, sind also zahlreich. Du besuchst einen gescheiterten Wirt, erstehst so billig wie möglich seine letzte Habe und versuchst dein Glück in deinem eigenen, gerade eröffneten Laden. Das ist eine ganz gute Vorbereitung auf das, was früher oder später den meisten blüht, die sich auf das Wirteleben einlassen. Und trotzdem kann das Wirteleben Spaß machen. Man sollte nur wissen, worauf man sich einlässt.

Regel Nr. **10** *Trau deinem eigenen Geschmack und lass dir nichts aufschwatzen*

Carl und ich gaben uns drei Wochen bis zur Eröffnung. Es wurden dann drei Monate daraus. Die Kneipe sah, als wir sie übernahmen, immer noch aus wie das letzte Drecksloch, und wir wollten sie wirklich schön machen. So was dauert eben.

Die Einrichtung sollte ganz unseren eigenen Vorstellungen entsprechen. Der Boden, die Wände, die Decke, die Tische, die Stühle, die Bar, die Toiletten – keine Kompromisse, allenfalls dann, wenn mal das Geld nicht reichte.

Sich richtig zu kleiden, einen guten Geschmack zu entwickeln und zu wissen, was zum eigenen Stil passt, ist auch nicht unbedingt eine Sache des Geldes. Natürlich gibt es

Leute, deren ganzer Stil darin besteht, Geld zu haben. Auch in Ordnung, aber für uns war das keine realistische Option.

In einer der ersten Nächte saßen Carl und ich auf dem versifften Boden unseres Ladens. Wir hatten die Vorhänge, die japanischen Fächer und Paravents heruntergerissen, einen Leuchtstrahler aufgestellt und tranken jetzt einen schönen kühlen Hasen aus der Flasche. Wir schmiedeten Pläne für den Ausbau des Ladens. Die zahllosen und natürlich widersprüchlichen Ratschläge, die wir von unseren Freunden und Familienangehörigen zu diesem Thema erhalten hatten, machten die Sache nicht einfacher.

Wir wollten herausfinden, welche Farben in diesen Räumen eine Rolle spielen sollten, welche Atmosphäre die Möbel schaffen sollten, wie der Boden auszusehen hatte und die Bar. Es sind unzählige kleine Entscheidungen, die man da zu treffen hat. Das Ergebnis wird umso besser, je mehr Freude und Aufmerksamkeit man ihnen entgegenbringt.

Nach der Theorie musste die Praxis kommen. Die Praxis trug den Spitznamen Hübi und hatte einen Vorschlaghammer. Hübi kannte ich von der Praterinsel, einem unserer Ausgeh-Orte. Er hatte dort seine Atelierwerkstatt. Hübi trug den Kopf von Pierre Richard auf dem Körper von Mad Max. Er war eigentlich Künstler, verdiente sich aber sein Geld auch mit Schweißarbeiten. Er war sehr drahtig und muskulös, weil er eine fernöstliche Kampfsportart betrieb. Er fuhr eine mit Tierfellen bespannte Moto Guzzi V7. Am Tag nachdem ich ihn angerufen hatte, stand er vor der Tür und fragte:

«Was soll ich tun?»

Ich erzählte ihm, was uns so vorschwebte. Man könne
vielleicht hier ein bisschen Farbe auftragen, dort eine un-
schöne Stelle übermalen, tja, und mit dem Fußboden
müsse man sich auch was überlegen, außerdem brauchen
wir viel mehr Platz. Hübi stand neben mir, voller Energie,
nur mit Mühe konnte er sich still halten. Ich fragte ihn, was
er denn dazu meinte. Er sah mir ernst und tief in die Augen, dann sagte er:

«Die Verkleidung muss weg, von allen Wänden, komplett. Alle nicht tragenden Wände müssen raus, und dort
muss ein Stahlregal hin und hier eine Wandverkleidung aus
Blech, und an die Wand hinter der Bar gehört Edelmetall.»

«Prima, äh, und wie sollen wir das jetzt machen?»

Hübi schwang seinen Vorschlaghammer wie Thor und
zerlegte die gesamte Hütte in ihre Einzelteile. Ich hatte dem
Babolino-Typen als Ablöse für seine Einrichtung viel Geld
bezahlen müssen. Mir war klar gewesen, dass ich nichts
davon behalten würde, aber Hübi entsorgte das Zeug nicht
nur, er vernichtete es. Tröstlich war immerhin, dass uns der
Vorbesitzer auch seine restlichen Boxen dagelassen hatte.
Wir verkauften sie nach und nach, was die Kosten allerdings bei weitem nicht deckte.

Wenn Hübi arbeitete, war das wie Krieg. Am ersten Tag
schon riss er einen großen Teil der Wandverkleidungen
heraus. Er arbeitete bis 12.00 Uhr nachts und veranstaltete
einen maximalen Radau. Dann verschwand er bis zum
Vormittag, um mit noch mehr Energie wiederzukommen
und den Rest zu erledigen. Er brach mit wenigen, gewalti-
gen Hammerschlägen Ziegelwände durch und riss flächen-

deckende Bretterbeschläge in Stücke. Nichts blieb stehen. Nach ein paar Wochen erinnerte nur noch der handgeknüpfte Teppich ans *Babolino*.

Bodenproben hatten ergeben, dass sich darunter ein noch speckigerer und ranzigerer rosa Plüschteppich verbarg und darunter wiederum hässlicher Pressspan. Der Fußboden, fanden wir, sollte aus Holz sein. Ich ließ mir von einem Bekannten einen Kostenvoranschlag für einen Parkettboden machen. Allein das Entfernen des Teppichbodens hätte mehr gekostet, als mein gesamtes Renovierungsbudget hergab. Überhaupt, das Budget. Es gab ja auch noch vieles andere zu bezahlen. Meine Eltern waren bereit gewesen, mir ein Darlehen zu geben. Gemessen an meinen bisherigen finanziellen Verhältnissen, war es viel Geld. Aber gemessen an den anstehenden Aufgaben, war es verdammt wenig. Ich musste also immer nach der einfachsten und billigsten Lösung suchen. Im Baumarkt kaufte ich so genannten Rauspund, das ist das billigste Nut- und Feder-Holz, das es auf dem Markt gibt, und spaxte es auf den hellblauen Teppich. Heute, nach beinahe zehn Jahren, sieht dieser Boden tatsächlich aus wie schönes, altes Parkett.

Für die Barverkleidung nahmen wir billiges Kunstleder, für die Theke Kunstrasen. Alles in allem wirkte die erste Einrichtung ziemlich provisorisch, was vom Publikum überraschend positiv aufgenommen wurde. Es gab ihm das Gefühl, bei der Entstehung von etwas Neuem dabei zu sein. Work in progress gewissermaßen. Ich bevorzuge einen einfachen Stil. *Wirklich* einfach, nicht so, wie sich ein deutscher Innenarchitekt Einfachheit vorstellt.

Das Provisorische machte, glaube ich, am Anfang einen Teil der Anziehungskraft des Lokals aus. Die Gäste spürten, dass hier keine abgezockten Gastro-Profis am Werk waren, sondern Leute, die mit Herzblut bei der Sache waren und zum ersten Mal versuchten, etwas Eigenes auf die Beine zu stellen.

Die Umbauphase zog und zog sich in die Länge. Kein Wunder, denn nachdem Hübi sein Zerstörungswerk beendet hatte, mussten wir so gut wie alle handwerklichen Arbeiten alleine erledigen.

Doch ein paar Dinge hatten wir schon richtig gemacht: Die Pacht war nicht überteuert. Im Zweifel war es besser, eine Bruchbude zu mieten und etwas daraus zu machen, als Monat für Monat für eine teure Einrichtung mitzubezahlen, die man sich selbst so nie ausgesucht hätte. Unser größtes Plus war, dass wir die Küche so verwenden konnten, wie sie war. Der Herd und die Lüftung waren brauchbar und halbwegs in Ordnung. Wir stellten eine Haushaltsspülmaschine dazu. Für den Anfang reichte das.

Ein junger Wirt, der, vielleicht sogar ausgestattet mit einem hübschen Bankkredit oder mit von Freunden und Verwandten zusammengeliehenem Geld, ein Lokal eröffnet, löst bei Verpächtern, Küchenherstellern, Lieferanten, Brauereien und etlichen anderen unweigerlich dieselben Reaktionen aus wie der Anblick einer knusprigen Weihnachtsgans bei einem hungrigen Esser. Ungefragt machen sie dir die tollsten Angebote. Sie versuchen, dir eine teure Kücheneinrichtung aufzuschwatzen, einen neuen Herd, einen neuen Abzug und tausend andere Dinge, die du nicht brauchst. Wichtig ist nur, dass die Geräte, die da sind, funktionieren. Der billigste Herd ist auch der beste, solange er funktioniert. Ich wusste, dass ich zu Beginn nicht mehr brauchen würde als ein Waschbecken, einen Herd und eine Arbeitsfläche.

Die Tische im Lokal fertigte uns Hübi. Er schweißte Stahlgestelle zusammen, auf die er Holzplatten montierte, was schlicht, aber stilvoll aussah. Hübi nahm genau Maß, damit so viele Sitzplätze wie möglich untergebracht werden konnten.

Auf dem Wertstoffhof, auf dem ich mich jetzt öfter herumtrieb, um nach Brauchbarem zu suchen, fand ich Fassungen für Neonröhren. Viele davon! Neonlicht war *die* Lokalbeleuchtung der frühen Achtziger und dementsprechend Mitte der Neunziger vollkommen peinlich, aber man konnte sie vielleicht modifizieren und auf diese Weise viel Geld sparen. Hübi und ich brachten die Neonleuchten an den Wänden unter der Decke an und konstruierten Lichtschienen aus Holz, die sie verdeckten. So bekamen wir eine indirekte Beleuchtung, die überhaupt nicht mehr nach Achtziger-Neon-Schick aussah und trotzdem hell war. Sehr hell.

Die Wände bemalten wir in Wischtechnik. Heute würde ich mich sicher anders entscheiden, aber damals hatten das noch die wenigsten. Gerade die Dinge, die einem zuzeiten am aufregendsten vorkommen, kann man oft schon bald darauf nicht mehr sehen. Jedenfalls nicht, ohne zu lachen. Wie gesagt, wir befanden uns in der Mitte der neunziger Jahre. Damals waren auch Monster-Buffalo-Turnschuhe mit Mega-Sohle angesagt.

Schließlich hatten wir für halbwegs bezahlbare Summen

eine respektable, sogar hübsche Einrichtung zusammen-
gebastelt. Die Gäste konnten aber trotzdem noch nicht
kommen. Zuerst musste die Frage beantwortet werden,
was es zu essen und zu trinken gab.

Regel Nr. **11** *Biete gutes Essen an und verdiene an den Getränken*

Wenn ein Gast ein Bier bestellt, würde er von Carl ein kühles, blondes Hasen-Bräu serviert bekommen. Damit hatte Carl sich bereits abgefunden. Umso mehr Ehrgeiz legte er in die Gestaltung und Ausstattung der Bar. Er kaufte die Getränke ein, füllte die Regale mit allen notwendigen Spirituosen und stellte die Cocktailkarte zusammen.

Carl hatte schon in genügend erstklassigen Hotelbars gearbeitet, um das wirklich gut zu können.

Als es jedoch darum ging, sich eine Speisekarte fürs *Nage & Sauge* auszudenken, war, schon aus Gründen der Berufsehre, ich gefordert. Alle meine Freunde wussten über meine schillernde Kochkarriere Bescheid und erwarteten, dass ich etwas Originelles auf den Tisch zaubern würde.

Schon Mitte der Neunziger war Tex-Mex-Food schwer angesagt. Überall gab es Chicken Wings, Buffalo Wings, Burger und so weiter. Die Leute flogen drauf – und sie tun's noch immer. Pommes und Frühlingsrollen gehen auch immer. Also lag die Überlegung nahe, sich eine Fritteuse anzuschaffen.

Das Gute an einer Fritteuse ist, dass es nicht viel Arbeit macht, mit ihr zu kochen. Das Problem ist: Hast du eine Fritte in der Küche, stinkt dein ganzer Laden nach Fritte. Und nicht nur der Laden. Wonach riecht es auf der Straße in der Nähe eines Fast-Food-Restaurants? Nach Fritte! Das müsste nicht so sein, wenn die Fritteusen jeden Tag nach der Arbeit wirklich gründlich gereinigt würden. Da aber niemand Lust darauf hat, das zu tun, denn es ist eine harte, eklige Arbeit, wird es nur oberflächlich gemacht. Alte Ölreste bleiben zurück, und schon nach kurzer Zeit entsteht dieser fettige, schleimige Geruch, der sich in den Klamotten und Haaren festsetzt und bald unauflöslich mit dem Namen deines Lokals in Verbindung gebracht werden wird. Wollte ich das? Nein, das wollte ich nicht.

Unser Plan war es, einen Party-Laden aufzumachen, kein Restaurant. Das *Nage & Sauge* war klein, und wenn alles gut ging, würde es jeden Abend voll sein mit Leuten, die vor allem trinken, rauchen und sich amüsieren wollten. Es würde eng, heiß und laut werden. Der Gestank einer auf Hochtouren brodelnden Fritteuse wäre sicher Grund genug für die Gäste gewesen, sich bald eine andere Kneipe zu suchen. Andererseits: Für Hirschgulasch mit Preiselbeeren war das *Nage & Sauge* auch nicht der richtige Ort. Wer so was essen wollte, würde nicht zu uns kommen.

Unsere Gäste, dachte ich mir, würden gerne etwas Frisches essen, worauf sie nicht lange warten mussten. Es sollte lecker sein, aber nicht zu viel und vor allem nicht zu teuer sein. Eine ganze Menge Kriterien also, die es zu beachten gab. Ich entschied mich, wissenschaftlich an die Frage heranzugehen.

Die Antwort fand ich, als ich eine Nummer der Fachzeitschrift «food service» durchblätterte. Dort war das Ergebnis einer Umfrage abgedruckt. «Was essen die Deutschen am liebsten?» Eisbein, Schnitzel, Sauerkraut? Falsch! Die Deutschen essen am liebsten:

1. Salat; 2. Geflügelfleisch; 3. Brot. Ein überraschendes Ergebnis, das mich meinem Küchenkonzept schon ein ganzes Stück näher brachte. Es würde Salat, Geflügelfleisch und Brot geben. Besonders originell, das war mir klar, klang das allerdings noch nicht.

In San Francisco hatte ich einmal einen Laden besucht, der mir in Erinnerung geblieben war. Er nannte sich «Focaccia-Bar». Dort gab es dieses italienische Fladenbrot, das komischerweise in Deutschland noch kaum bekannt war. Ich bekam heraus, dass es in München einen gebürtigen Meraner gab, der in seiner Bäckerei Focaccia buk. (Bald entstand das Gerücht, die Focaccia werde eigens aus Meran importiert! Ich habe mich nicht darum bemüht, es aus der Welt zu schaffen.) Ich erfand ungefähr zehn Gerichte mit Salat und Geflügelfleisch dazu. Als ich fertig war, sah die erste Karte des *Nage & Sauge* so aus:

Tomatensuppe mit frischem Parmesan

Thunfischsalat mit Balsamicozwiebeln und selbst eingelegten Artischocken, dazu Focaccia und Mais-Chips

Diskosalat mit Ingwer und Limonen, dazu Focaccia und Mais-Chips

* *

Unsere Pasta wird stets à la minute im italienischen Siebnudelkocher und mit frischem Peccorino serviert.

* *

Gnocchi mit Spinat und Gorgonzolasauce

Fettuccine mit Scampi

Tagliatelle mit frischen Tomaten, Mozzarella und Rucola

Safran-Risotto mit Chorizo, Pilzen und Grano Padano

* *

Unsere Focaccia, die immer mit Blattsalaten,
Strauchtomaten, Gurken und Oliven belegt ist,
bieten wir in folgenden Variationen an:

* *

Santa Verdura (vegetarisch)

*Gebratene Zucchini und Auberginen mit Mozzarella
gratiniert, frisches Basilikum, grüner Spargel, Kicher-
erbsen und Walnüsse, dazu: Orangen-Balsamico-
Sauce*

Rustichella (vegetarisch)

*mit gebackenem Kartoffel-Rösti, Brie und Birne,
gegrillten Egerlingen, Rucola und rotem Paprika,
dazu: Limonen-Sauerrahm*

Rosmarino

*Rosmarinpute mit Frühlingslauch, Balsamico-
Schalotten und gebratenen Zucchini, halber Grill-
tomate, Rucola, gewürfelten Jung-Kartoffeln,
Artischocken und Parmesan, dazu: Olivencreme*

Sohn des Pudels

*Truthahntranchen flambiert mit Grappa, gebratene
Egerlinge, Äpfel und Erdnüsse, Rucola, Tomaten und
Parmesan, dazu: Orangen-Balsamico-Sauce*

Chick Inge
Pouletbrust mit Auberginen, Zucchini, Paprika und Ingwer gebraten, Blattsalate, Tomaten, Rucola, Pfefferoni und Gärtnergurken, dazu: Limonen-Sauerrahm

Ente Elvis
Gebratenes Entenbrustfilet mit Cassis abgelöscht, glacierte Äpfel, Pflaumen, gegrillte Zucchini und Egerlinge, Rucola, Tomaten, Artischocken und Parmesan dazu: Orangen-Balsamico-Sauce

Salat Olpe
Salatvariation mit Scampi, Putenbruststreifen, gegrillten Champignons, Zucchini vom Grill, Rucola, marinierten Hülsenfrüchten, Walnüssen und Parmesan, dazu: Focaccia im Korb

Salat Sepia Sardo
Sepia und Gambas mit gebratenen Jung-Kartoffeln und rotem Paprika, Frühlingszwiebeln, Tomaten, verschiedenem Feldgrün, Gurken, Walnüssen und Parmesan, dazu: Focaccia im Korb

Tartuffo Nero
mit Amarenakirschen

Käseteller
frz. Brie mit frischer Birne und Focaccia

So sah das aus. In acht Jahren haben wir ungefähr eine Viertelmillion solcher Essen verkauft, was dafür spricht, dass wir an dieser Stelle alles richtig gemacht haben. Wer nun aber denkt, wir seien damit reich geworden, täuscht sich leider.

Hunderttausend Essen, die im Schnitt für 10 Euro pro Stück verkauft werden, machen 1 000 000 Euro. Das ist doch was!

Das ist wirklich was, aber wenn man die Kalkulation betrachtet, bleibt nicht viel übrig. Rechnen wir es mal an einem konkreten Beispiel durch. Wenn ich 50 Essen pro Abend kochen muss, schaffe ich das auf Dauer nicht alleine. Ich brauche einen Koch und jemand für den Salat, die mich zusammen pro Abend etwa 250 Euro kosten. Außerdem muss ich Zutaten einkaufen, und zwar möglichst gute. Die sind teuer und kosten ungefähr 170 Euro pro Abend. Das erscheint vielleicht viel, aber als Groß-verbraucher kann man leider nicht bei Discountern wie ALDI und Lidl einkaufen, die ca. 20 Prozent billiger sind als der Großhandel. Warum eigentlich nicht? Weil sie die Mengen an Ware nicht vorrätig haben. Neben Personal und Einkauf muss ich noch ungefähr 80 Euro für anteilige Miete Küche, Strom, Gas, Nebenkosten rechnen. Macht alles zusammen 500 Euro Kosten für die Küche pro Abend. Eine ganze Menge, was? Wenn das Lokal voll be-setzt ist – 50 Plätze – und jeder Sitzplatz-Gast eine Haupt-speise isst, die im Schnitt 10 Euro kostet, mache ich 500 Euro Umsatz. Nach Adam Riese bin ich also gerade bei 0,0 Euro angekommen, wenn ich 50 Essen verkauft habe. Ab dem 51sten verdiene ich was. Alles in allem kein gutes

Geschäft. Trotzdem, wann immer ich jemandem erklärt habe, dass ich mit zwei Leuten in der Küche arbeite und ungefähr 50 Essen à 10 Euro pro Abend verkaufe, sah mich dieser Jemand an, als hätte er einen Lottomillionär vor sich. Die Wahrheit ist: Mit der Küche, so ausgetüftelt das Konzept auch sein mag, kann man nur wenig verdienen. Wozu macht man sich also die ganze Mühe? Nun ja, es gibt ja auch noch – richtig, die Getränke! In einer Kneipe muss getrunken werden, und wenn die Stimmung gut ist, *wird* dort auch getrunken. Das Problem ist nur: Bier und Wein gibt es überall. Warum also sollten die Leute gerade zu dir kommen? Die Antwort: Wegen des Essens! Mit der Küche wirst du nichts verdienen, mit den Getränken umso mehr – wenn das Essen, das du anbietest, gut ist. Niemals habe ich einen Gast sagen hören:

«Im *Nage & Sauge* sind die Drinks so prima, da gehen wir wieder hin!»

Aber über unsere Focaccias sind im Lauf der Jahre Dutzende von Zeitungsartikeln erschienen.

Sicher war auch unser Küchenkonzept nicht unschlagbar, und es ist auch nicht die Haute Cuisine, die wir präsentierten, aber es war genau das, was unsere Gäste wollten – sogar genau das, was sie *brauchten*, ehrlich! In eine Kneipe geht man, um Menschen zu treffen und sich mit ihnen zu unterhalten. Man sitzt eng zusammen, es ist laut, es wird getrunken und gelacht. Natürlich soll es auch etwas zu essen geben. Und wenn es über Chili con Carne und Gulaschsuppe hinausgehen soll, muss man sich etwas einfallen lassen.

Das Focaccia-Konzept hat den Vorteil, dass man ein einfaches Grundprinzip unendlich variieren kann. Das ist auch deshalb gut, weil es einen von der Kunst der Köche, die man eingestellt hat, unabhängig macht. Jeder Koch kann nach diesem Konzept kochen. Und wenn einer abspringt, ist das kein Problem. Die Rezepte kann ich einem neuen Koch an einem Nachmittag beibringen. Und ich weiß, welche Zutaten er in welchen Mengen einkaufen muss.

Am Anfang lag nicht so klar auf der Hand, dass die Vorteile die Nachteile überwiegen würden.

«Muss die Karte nicht öfter mal variieren?», oder gar: «Wenn du immer das Gleiche zu essen anbietest, werden dir die Leute wegbleiben!», waren oft gehörte Einwände.

Ich erinnerte mich an ein anderes Lokal in San Francisco, das ich besucht hatte und das auf seiner Speisekarte stolz mit dem Spruch warb: «This Menue since 1904». Seit hundert Jahren die gleiche Speisekarte! Seit hundert Jahren essen die Leute dort das gleiche Essen, und es schmeckt ihnen so gut, dass sie schon in der dritten und vierten Generation wiederkommen! Was die Zeiträume betrifft, waren meine Ansprüche an das *Nage & Sauge* nicht so hoch gesteckt, aber ich stellte mir vor, dass niemand etwas gegen eine Küche haben würde, deren grundlegende Zubereitungen immer gleich blieben, wenn sie denn nur gut schmeckten. Und etliche kleinere Variationen waren ja möglich und gaben den Gästen Anlass zu Entdeckungen. Ein Jahr nach ihrer Einführung war die «Focaccia-Karte» ein Begriff, und München hatte seine erste Focaccia-Bar.

Aber davon ahnten Carl und ich noch nichts, als wir an einem Samstag im Sommer 1996 zur Eröffnungsparty einluden.

Regel Nr.  *Leg richtig los!*

Nach drei Monaten Schufterei beschlossen wir, das *Nage & Sauge* zu eröffnen. Wir fassten diesen Entschluss nicht etwa, weil wir mit den Vorbereitungsarbeiten fertig gewesen wären. Keineswegs. Wir hatten nur einfach keine Lust mehr, auf eine ungewisse Zukunft hin weiterzuschuften. Woche um Woche war vergangen, und es gab schon die ersten Witzbolde, die mich fragten, ob «Ich mache demnächst einen Laden auf» einfach nur so ein Spruch wäre, den ich mir zurechtgelegt hatte, um nicht zugeben zu müssen, dass ich arbeitslos war.

Der Eröffnungsabend fand an einem Samstag statt. Wir arbeiteten die ganze Nacht von Freitag auf Samstag durch,

brachten säckeweise den Müll weg, wischten und putzten und hatten es im Morgengrauen tatsächlich geschafft.

Das *Nage & Sauge* war empfangsbereit. Beinahe. Etwas Wesentliches fehlte noch, das Lokalschild. Vielleicht, weil Carl der Name *Nage & Sauge* unangenehm war, hatte ich lange damit gewartet, es in Auftrag zu geben. Zu lange. Obwohl ich schließlich eine Lösung gefunden hatte, die, zumindest mich, voll und ganz zufrieden stellte. Sie bestand in einem ziemlich großen, blauen Leuchtkasten, der als so genanntes Nasenschild in die Mariannenstraße hineinleuchtete. Vor dem blauen Hintergrund sollten unsere drei Enten Richtung Eingang watscheln, und darunter sollte stehen *Nage & Sauge*, sonst nichts. Schon gar nicht «Bar» oder «Restaurant». Was *Nage & Sauge* war, sollten die neugierigen Passanten selbst herausfinden. Mussten sie schließlich sowieso, denn weder die Enten noch der Schriftzug waren rechtzeitig fertig. Immerhin prangte der Leuchtkasten schon über der Eingangstür, vorerst verhüllt durch einen blaugrauen Müllsack. Das Ding sollte noch wochenlang dort hängen und zum unfreiwilligen Wahrzeichen werden.

Den Samstagvormittag verbrachte ich mit meiner Mutter in der Großmarkthalle, wo wir den Ersteinkauf machten. Ich war so pleite, dass sie mir den gesamten Einkauf vorstrecken musste. Anschließend ging ich in meine Küche, schnitt die Zutaten für meine Salat-Kreationen zurecht. Einige davon probierte ich zum ersten Mal aus. Carl polierte die Gläser an der Bar, bereitete Eis und Früchte vor, und als das alles erledigt war, setzten wir uns an einen der vielen leeren Tische. Es war drei oder vier Uhr nachmittags. Um fünf Uhr wollten wir aufsperren. Wir fühlten uns wie Sportler kurz vor dem Start zu einem großen Wettbewerb. Erwartungsfroh, aufgeregt, ängstlich – alles zugleich. Vielleicht deshalb drängte es uns, ein paar feste Grundsätze zu besprechen, die wir nie brechen wollten.

Mein erster Grundsatz war: Während der Arbeitszeit werde ich niemals Alkohol trinken. Wie viele Alkoholiker hatte ich in den fünfzehn Jahren Gastronomie, die immerhin schon hinter mir lagen, gesehen? Und war ein Wirt, der seinen Gästen mit gutem Beispiel vorangehen wollte, nicht geradezu gezwungen, sich Abend für Abend die Hucke voll zu saufen? Es gab unzählige Beispiele dafür, und viel zu viele davon kannte ich persönlich.

Carl quälte diese Befürchtung nicht so sehr. Er war auch nicht gefährdet, weil er nicht dazu neigte, zu viel zu trinken. Er nahm sich einfach vor, ein bestimmtes Level nicht zu überschreiten. Wir waren uns einig: Wir wollten nicht unsere «besten Gäste» werden.

Unser zweiter Grundsatz lautete: Bei uns darf niemand anschreiben. Wir sollten noch feststellen, dass dieser zweite Grundsatz ungleich schwieriger einzuhalten war als der erste. Wir kannten unsere Gäste zwar noch nicht, aber wir ahnten, wer sie sein würden. Die gleichen Nachtgesichter und Freibierfreunde, die wir selbst waren, wenn wir nachts in Kneipen unterwegs waren. Das Ausgehpublikum unter fünfundzwanzig hat ein notorisches Geldproblem. Sie leben von Bafög, Lehrgehältern oder von einem mehr oder weniger knappen elterlichen monatlichen Scheck. Dafür kostet in den Lokalen, die sie besonders mögen, das Bier doppelt so viel wie in jeder normalen Wirtschaft. Wenn du also in einer Kneipe jemanden kennst, wirst du immer versuchen, etwas umsonst zu bekommen. Wenn du jemanden hinter der Bar kennst oder sogar den Wirt, steigen deine Chancen auf ein Freigetränk. Du versuchst ein Bier, einen Wodka-Bull oder gar ein Essen umsonst zu bekommen. Und wenn schon nicht umsonst, dann wenigstens auf Pump. Nicht, dass du nicht bezahlen wolltest – du würdest es nur später tun, irgendwann, wenn du wieder flüssig wärst. Das Problem besteht allerdings darin, dass Gäste, die anschreiben lassen, nie flüssig sind. Ein Wirt, der anschreiben lässt, das hatten wir oft genug erlebt, besiegelt damit den Untergang seines Lokals. Das wussten viele, die es trotzdem taten. Die Versuchung, es zu tun, ist groß, gerade für junge Wirte. Werden mir die Gäste ausbleiben, wenn ich konsequent bin und immer darauf bestehe, dass alles bezahlt wird, und zwar sofort? Werden mich meine Freunde für einen Geizkragen halten? Wie auch immer, wir hatten gar keine andere Wahl. Wir *mussten* unser Geld sofort verlangen, denn selbst hatten wir keines mehr. In God we trust – all others cash. Das musste unser Wahlspruch sein. Und wenn wir einmal wirklich einen Gast einladen wollten, dann konnten wir das selbstverständlich tun – nur sollte es unsere Entscheidung sein, nicht seine.

Unser dritter Grundsatz sollte sein: Wir behandeln unsere Gäste wie Freunde. Soll heißen: nicht, wie Restaurant-Gäste üblicherweise behandelt werden. Unsere Gäste sollten bei uns alles dürfen (außer umsonst essen und trinken). Wenn jemand eine halbe Portion oder eine doppelte wollte, sollte er sie kriegen. Wollte einer einen Eimer voll Bier, sollte er ihn haben, ebenso wie das Weißbier-Cola-Mix-

98

Getränk im Sektglas. Wollte jemand den Salat Chick Inge statt mit Pouletbrust mit Hähnchenbrust, allerdings ohne Auberginen, dafür mit doppelt Zucchini, wenig Paprika und Zitrone statt Limone – sollte er ihn bekommen. Auf keinen Fall wollten wir dieses «Draußen-nur-Kännchen»-Ding veranstalten. Für Sonderwünsche konnte man, wenn man Lust hatte, extra Geld verlangen, aber man musste sie erfüllen. War der Gast ein Unsympath, was im *Nage & Sauge* nur sehr selten der Fall sein würde, bezahlte er vielleicht ein bisschen mehr, doch er bekam, was er wollte. Diese berüchtigte «Das-gibt's-bei-uns-nicht»-Haltung in der deutschen Gastronomie fanden wir schrecklich. Bei uns sollte das anders sein.

Nach diesem Gelöbnis waren wir startklar. Das Essen war organisiert, fotokopierte Speisekarten hatte ich auf die Tische gelegt, die Getränke waren gekühlt. Von allem jedoch gab es nur Minimalvorräte, einfach, weil wir überhaupt keine Kohle mehr hatten. All unser ohnehin nur geliehenes Geld steckte in den Tischen und Stühlen, den Decken und Wänden; nicht zu vergessen der größte Teil, der in der Tasche unseres Vorgängers gelandet und für uns auf ewig unsichtbar geworden war. Durch eine glückliche Fügung hatte uns die Brauerei die Erstlieferung sogar komplett ohne sofortige Bezahlung überlassen. Wahrscheinlich war das nur ein Versehen, aber unsere Gäste und uns bewahrte es vor dem großen Durst.

Chrissi, meine Freundin, stieß am Nachmittag zu uns, sie half Carl beim Bedienen. Um 17.00 Uhr war es so weit. Ich sperrte die Eingangstür auf. Das *Nage & Sauge*, mein erstes eigenes Lokal, war eröffnet. Was für ein Moment!

Aber ich hielt mich nicht lange damit auf, pathetisch zu werden. Ich war schrecklich nervös und aufgeregt. Selbstverständlich erwartete ich nicht, dass um fünf nach fünf die ersten Gäste hereinkamen. Es war ein wundervoller, heißer Sommertag, die Leute lagen noch in den städtischen Schwimmbädern herum oder waren an die Seen im Oberland gefahren.

Ich musste Geduld haben. Trotzdem beschlichen mich schon um halb sechs die ersten handfesten Zweifel. Hatten wir genug Werbung gemacht? Hatten wir überhaupt «Werbung» gemacht? Wir sind niemals mit Handzetteln durch die Gegend gelaufen, das nicht, aber wir hatten monatelang – während unserer langen Umbauphase – Mundpropaganda gemacht. Da wir ohnehin vier- bis fünfmal die Woche ausgingen, hatte sich das einfach so ergeben.

Ich tigerte in der Küche umher, als um sechs Uhr endlich der erste Gast kam. Ich sah ihn nicht selbst hereinkommen, sondern hörte plötzlich Carl im Gastraum rufen:

«Hey! Das ist doch Gary Grant!»

Ich dachte: Armer Carl, er ist ganz schön überarbeitet.

Aber Carl hatte Recht, es *war* Gary Grant. Er hieß wirklich so, nicht zu verwechseln mit Cary Grant, dem bekannten Filmschauspieler aus Hollywood. Gary Grant war Engländer und wurde später eine große Nummer bei Ariola. Er war ein schicker Typ Ende zwanzig, eine Ausgehbekanntschaft von Carl, Chrissi und mir.

Gary Grant machte im Unterschied zu uns einen ziemlich entspannten Eindruck und lobte mit seinem lustigen Akzent das *Nage & Sauge*. Carl zapfte ihm ein Hasen-Bräu, Gary lachte sich kaputt über Bier trinkende Häschen auf

100

dem Glas und schien alles in allem einen sehr guten ersten Eindruck vom *Nage & Sauge* zu haben. Er dockte an der Bar an und unterhielt sich lebhaft mit Carl, der sich tapfer bemühte, sein Lampenfieber im Zaum zu halten.

Carl und Chrissi unterhielten sich mit Gary, ich war zu nervös, um Konversation zu machen. Es kam kein zweiter Gast! Mittlerweile sah ich im Minuten-Rhythmus auf die Uhr, aber sooft ich auch darauf schaute, es kam keiner, es kam keiner.

Ich stand in der Küche und wippte auf den Zehenspitzen. Draußen wurde Gary immer lauter und lustiger. So verging die Zeit, es wurde sieben, es wurde acht, und es war nur ein einziger Gast da. Ich verließ meine Küche und setzte mich zu den anderen an die Bar. Am liebsten hätte ich jetzt schon Grundsatz Nummero uno gebrochen, um mit Gary, der schon beim dritten Bier und in bester Laune war, mitzupicheln. Mühselig schaffte ich es, mich am Riemen zu reißen.

«Willst du nicht vielleicht was essen?», fragte ich Gary.

«Nein danke. Ich trinke lieber Hasen-Bier. Sag mal, Maki – heute ist aber schon der offizielle Eröffnungsabend, oder?»

«Ja, ja, die Leute kommen schon noch.»

Gary tat sein Allerbestes und trank sein viertes Bier. Bald würde er wirklich blau sein. Schon um ihn die Last nicht allein tragen zu lassen, mussten jetzt neue Gäste kommen.

Gary hob das Glas und rief in den gähnend leeren Gastraum hinein:

«Scheißegal! Das ist so ein netter Laden, da müssen überhaupt keine Leute mehr kommen!»

Ich hüpfte herum wie ein Kobold, lief auf die Straße hinaus, sah mich um, fuhr mit dem Fahrrad um den Häuserblock, blickte verstohlen in andere Lokale in der Nachbarschaft – aber unsere Gäste fand ich nirgends.

Ich radelte zurück und verzog mich in meine Küche, um zu weinen. Es war halb neun, ich saß in schwärzester Verzweiflung da und starrte vor mich hin, als ich plötzlich ein zuerst leises, dann sehr schnell immer lauter werdendes Gegrummel vernahm. Das waren Menschenlaute! Ich ging zur Küchentür und sah hinaus. Es war ein herrliches Schauspiel. Zwischen halb neun und Viertel vor neun füllte sich das *Nage & Sauge* schlagartig. Um neun war es knackevoll. Chrissi und Carl zapften und servierten Getränke, und ich bekam auf einmal sehr viel zu tun.

Innerhalb einer halben Stunde brachte mir Chrissi dreißig Bons, also dreißig Essensbestellungen. Jetzt durfte ich all meine toll erfundenen Focaccia-Gerichte auf einmal zaubern! Da ich sie, wie gesagt, noch gar nicht alle durchprobiert hatte, war der Mut des Pioniers gefragt. Ich machte mich ans Werk. Ich hatte Zutaten für fünfunddreißig Essen vorbereitet, so viele Sitzplätze hatte das Lokal. Ich kam mit der Küche gut zurecht, alles lief wie am Schnürchen. Bis um halb zehn hatte ich alle fünfunddreißig Essen draußen und dachte: So, das war's für heute. Jetzt kann ich mich zu den Gästen hinaussetzen. Aber Chrissi brachte immer neue Bestellungen. Mir schwante, dass meine Mutter und ich viel zu wenig Zutaten eingekauft hatten.

Ich rannte aus dem Lokal zum Inder hinüber und kaufte ihm eine größere Ladung Fladenbrot ab. Indisches Fladenbrot ist die neue Focaccia, war jetzt die Losung. Ich über-

buk es mit Käse und übte mich in allen möglichen Spontankreationen mit den Zutaten, die ich noch finden konnte.
Gegen halb elf hatte ich fünfundfünfzig Essen verkauft.
Alle Vorräte, einschließlich der für den nächsten Tag,
waren restlos aufgebraucht. Erschöpft, aber glücklich
schloss ich die Küche. Ich glaube, kein Gast musste hungrig nach Hause gehen. Ich war dermaßen erleichtert, dass
ich mir jetzt schon, nach der Hälfte des ersten Abends, erlaubte, Grundsatz Nummer eins zu brechen und mir ein
Bier zu genehmigen, ein Sieges-Bier, einen Triumph-Hasen
sozusagen.

Ich half Chrissi beim Bedienen, was mir Gelegenheit gab,
mich unter das Partyvolk zu mischen und, sagen wir es,
wie es war, ein Bad in der Menge zu nehmen.

Die Menge, das war so ziemlich die gesamte Ausgeh-
und Nachtlebenposse, die ich seit fünfzehn Jahren kannte.
Sie hatten mich, anders, als ich schon befürchtet hatte,
nicht im Stich gelassen. Es herrschte eine Stimmung wie
bei einer Privatparty. Die Leute lobten die Wohnzimmer-
atmosphäre des Lokals, auch die verschiedenen Ebenen
kamen gut an. Es war jetzt schon zu spüren, dass hier etwas
entstehen konnte, ein spezielles, höchst angenehmes *Nage
& Sauge*-Gefühl sozusagen. Nur die durchdringende weiße
Neon-Beleuchtung, die an ein Drive-in erinnerte und jedermanns Haut aschfahl aussehen ließ, wurde kritisiert. Einige
setzten sogar ihre Sonnenbrillen auf.

Weil das Wetter so schön war und das Lokal so prall
gefüllt, sammelte sich vor der Tür eine Traube von Leuten,
die entweder drinnen keinen Platz mehr fanden oder einfach ihr Bier an der frischen Luft trinken wollten. In Mün-

chen durfte man damals auch im Sommer nur bis zehn Uhr draußen sein. Die «Biergartenrevolution» unter Führung des Maximo Lider Edmund Stoiber, die den Bayern das Trinken im Freien bis 23.00 Uhr erlaubt, lag noch in der Zukunft.

Etwa fünfzig Leute standen unter dem Müllsack-Schild auf der Straße und ließen es sich gut gehen. Wäre ich ein Gast gewesen, hätte ich mich zu ihnen gestellt, auch ein Bier getrunken und mich über den gelungenen Abend gefreut. So aber dachte ich an Herrn Holz, den Vermieter, der direkt über uns wohnte, und an all die anderen Nachbarn, für die das neue Lokal mit den unerwartet vielen Besuchern einfach nur eine lästige Lärmquelle darstellte, die sie so bald wie möglich wieder loswerden wollten.

Eine Weile lang hoffte ich, die Leute würden von selbst nach und nach hineingehen, aber das war selbstverständlich bloßes Wunschdenken. So gegen elf Uhr begann ich zum ersten Mal, mich als Autoritätsperson zu versuchen. Ich ging zu einzelnen Grüppchen hin – es war fast niemand dabei, den ich nicht kannte – und versuchte es mit einem:

«Könnt ihr jetzt bitte alle reingehen, ja?»

Damit erntete ich so gut wie keine Reaktion.

Ich wurde ein bisschen bestimmter und sagte:

«Bitte, geht jetzt alle rein.»

Prompt erntete ich erste leise Empörung.

«Ja, du bist gut, da drin ist es so voll, da ist kein Platz.»

«Aber hier draußen könnt ihr nicht bleiben, da bekomme ich Ärger mit den Nachbarn! Ihr wisst doch, ab zehn Uhr darf man nicht mehr draußen sein.»

«Aber Maki, jetzt sei halt nicht so! Wirst du jetzt spießig, oder? Der Herr Lokalbesitzer, oder was?»

«Komm, Maki, spieß nicht rum. Rauchen wir einen? Hm?»

«NEIN! Bloß nicht! Kein Haschisch in meinem Lokal!»

«Hohoho. Kein Haschisch in meinem Lokal! Du bist doch sonst nicht so!»

Ich schnitt verdammt schlecht ab bei diesen kleinen Diskussionen und musste meine Vergangenheit schwer büßen. Mir wurde schlagartig klar, dass du als Wirt auf der anderen Seite stehst. Du bist für jeden Lärm verantwortlich, für jeden Roller, der wegfährt, für jede Bierflasche, die auf den Boden fällt. Du musst dafür sorgen, dass die Leute kein Dope rauchen, und wenn sie es doch tun, dass die Nachbarn es nicht riechen. Jetzt musste ich dafür sorgen, dass Typen, wie ich einer war, sich halbwegs ordentlich verhielten. Es dauerte eine hübsche Weile, bis ich mir das nötige Durchsetzungsvermögen aneignete.

Um kurz nach elf eröffnete mir Carl, dass sämtliche Getränke zur Neige gingen. Ich ließ mir von Chrissi etwas von dem Geld geben, das sie schon eingenommen hatte, lieh mir Carls Auto und bretterte zur nächsten Tankstelle, um Wodka und Lemon einzukaufen. Der Augustiner-Wirtschaft gegenüber kaufte ich ein Fass ab, weil auch unser schönes Hasen-Bräu so gut wie alle war.

Das gab mir gleich am ersten Abend die Gelegenheit, einen kleinen Qualitätstest mit den Gästen durchzuführen, die, wie alle Münchener Ausgeher, auf Augustiner schworen. Als ich ihnen das Augustiner-Bier in Hasen-Gläsern servierte und sie fragte, wie's schmeckt, sagten sie:

«Nicht schlecht, aber du weißt, wie es ist. An ein echtes Augustiner kommt dein Hase nicht ran.»

Mit dem Nachschub, den ich von der Tanke brachte, hielten wir bis ein Uhr so einigermaßen durch.

Carl war es in der Zwischenzeit gelungen, die Gäste mit dem, was seine Bar-Regale noch hergaben, bei Laune zu halten. Aber je betrunkener die Gäste wurden, desto härter hatte er mit denen zu kämpfen, die anschreiben lassen wollten.

«Komm, Carl. Du kennst mich doch. Was soll das denn? Ein Bier, hey! Ist dir unsere Freundschaft noch nicht mal ein einziges Bierchen wert?»

Je blauer die Jungs wurden – das Anschreibenlassen-wollen ist eine reine Jungs-Domäne –, desto lächerlicher wurden ihre Ausreden:

«Carl, ich kann morgen mein Frühstück nicht bezahlen, wenn ich jetzt nicht anschreiben darf.»

«Mensch, mir wurde das BAföG gestrichen.»

«Hey, ich hab heute meinen Job verloren.»

«Du, morgen ist das EM-Finale, da muss ich mich im Biergarten besaufen.»

Trotz dieses geballten Schwachsinns blieb Carl ruhig und gelassen und kassierte ab.

Einige versuchten, uns als Abzocker hinzustellen, und andere legten es wirklich darauf an, uns zu bescheißen. King Nick zum Beispiel versuchte es so:

«Komm, Maki, lass mich anschreiben, ich hab keine Kohle dabei. Du weißt, womit ich meine paar Kröten ver-diene. Ich verkaufe zurzeit Freundschaftsbändchen auf dem Tollwood.»

« Nick, du hast acht Bier getrunken, du wusstest doch vorher, dass du kein Geld hast. »

« Aber Maki, wir sind doch *Freunde*. »

Ich griff in die Brusttasche von Nicks Jeansjacke. Und was ziehe ich heraus? Einen Hundert-Mark-Schein!

« Nick, du lügst mich an wegen ein paar Bier! »

« Mensch, Maki, den brauch ich echt für meine Miete! »

« Nichts da, her damit! »

Ich kassierte seine acht Bier ab. Heute ist King Nick ein sehr erfolgreicher Diskothekenbesitzer, und ich bin sicher, er lässt nichts anbrennen, wenn es ums Kassieren bei seinen Gästen geht, selbst wenn sie sich als Freundschafts-bändchenverkäufer zu erkennen geben sollten.

Auch Carl und Chrissi fingen am Ende des Abends die letzten Zechpreller am Ausgang ab und ließen sie zahlen. Selbst die, die nicht alles bezahlen konnten, mussten wenigstens rausrücken, was sie dabeihatten. Es ging darum, prinzipiell klar zu machen, dass wir den Laden professionell führen wollten.

In den neun Stunden des Eröffnungsabends von fünf Uhr nachmittags bis zwei Uhr nachts habe ich mehr gelernt als zuvor in manchen Jahren. Ich stellte zum Beispiel fest, dass uns Leute aus dem Nachtleben plötzlich aufs herzlichste begrüßten, die uns vorher nicht oder nur ganz von ferne gekannt hatten.

Viele derer, die am ersten Abend kamen, dachten wahrscheinlich, da gibt es jetzt mal wieder so einen Laden von ein paar Leuten aus der Szene. Da kannst du jetzt eine Weile abhängen, und wenn du keine Kohle hast, kriegst du da was zu essen. Und in einem Vierteljahr ist der Laden sowieso wieder platt. Ein Laden, in dem man nicht anschreiben lassen kann, ist für diese Leute nicht besonders attraktiv.

Manch einer wird sich vielleicht wundern, warum das Thema des Anschreibenlassens hier so eine große Rolle spielt. Der Grund ist ganz simpel: Das Premierenpublikum des Nachtlebens ist ganz besonders verrottet.

Wir wussten, dass diese Leute nicht unsere Zukunft sein würden. Die Nachtlebenleute ziehen nach spätestens zwei Monaten in die nächste neu eröffnete Bar.

Trotzdem ist es wichtig, dass sie am Anfang zu dir kommen. Damit setzen sie das Signal, den Trend: Dieser Laden ist wichtig, ist hip.

Sie machen ihn begehrenswert und schick. Es läuft darauf hinaus, sich von ihnen einmal kräftig durchvögeln zu lassen, bevor sie sich ein anderes Objekt ihrer Begierde suchen. Ich selbst habe das als Schnorrer und Abstauber auf der anderen Seite oft genug mitgemacht. Ich machte mir darüber keine Illusionen.

Um ein Uhr nachts war Sperrstunde, und um zwei Uhr war der Laden leer. Wir zählten das Geld, das wir eingenommen hatten, und waren begeistert. 2600 Mark. Wir lagen uns überglücklich in den Armen. Wir würden am nächsten Tag die Brauerei bezahlen können und am Montag den Warenbestand für die kommende Woche.

Trotz der Knochenarbeit und einiger Problemchen hatten wir uns überdies heftig amüsiert. Alle unsere Freunde waren da gewesen, und sie würden es ihren Freunden erzählen, dass es da diesen neuen Laden in der Mariannenstraße gab, in dem man Focaccia essen konnte und in dem man sich wie in seinem eigenen Wohnzimmer fühlte.

Ich hatte einmal von einer Faustregel gehört: An einem guten Abend muss dein Lokal mindestens eine Monatsmiete umsetzen. Das hatten wir geschafft. Schaffst du es nicht, solltest du den Laden zusperren. Klingt merkwürdig, scheint aber eine Erfahrungstatsache zu sein. So gesehen lag eine vielversprechende Zukunft vor uns.

Regel Nr. **13** *Sei authentisch!*

Mein Sonntag begann mit einem kräftigen Kater. Wie befürchtet, war es mir nicht gelungen, *alle* unsere Grundsätze zu befolgen. Ich hatte wohl einige Hasen zu viel erwischt. Dafür hatte ich den ersten Teil meiner praktischen Prüfung zum Wirt mit Bravour bestanden und war einfach nur stolz, bis ich am frühen Nachmittag im *Nage & Sauge* einlief. Sofort zitierte mich Herr Holz zu sich in seine Wohnung. Die Nachbarn hatten sich heftig über die «Vorkommnisse» der vergangenen Nacht beschwert. Ich hielt es für ratsam, gar nicht erst nachzufragen, was damit im Einzelnen gemeint war, und gelobte demütig Besserung.

Herr Holz konnte sich zwar noch immer meinen Namen nicht merken, zeigte aber Verständnis:

«Herr Nagel, ich verstehe Sie gut. Ich war auch mein ganzes Berufsleben lang Unternehmer. Ich freue mich, wenn Sie ein erfolgreiches Lokal haben. Es kann ja nicht immer so weitergehen wie bei Ihren Vorgängern. Nur, Sie dürfen mir meine Nachbarn nicht rebellisch machen.»

Man konnte nicht alles haben, eine gut gehende Kneipe im Parterre und Seelenruhe für die Mieter ab dem ersten Stock aufwärts. Trotzdem war es natürlich mein Job, mich darum zu kümmern. Größeren Ärger als Beschwerden beim Verpächter gab es denn glücklicherweise auch nie. Und solange wir dafür sorgten, dass diese sich nicht zu sehr häuften, hatten wir Herrn Holz auf unserer Seite.

Als er sah, dass unser Geschäft gut lief, saß er stolz vor dem offenen Fenster und sah hinüber auf die Augustiner-Wirtschaft. Sein Lokal im Parterre hatte nur Hasen-Bräu, aber es lief prächtig, mochte es einen unverständlichen Namen haben und von schrägen Vögeln frequentiert werden. Wir hatten also den Verpächter auf unserer Seite, und das war, gerade gegenüber maulenden Nachbarn, ein entscheidender Vorteil.

Nachdem ich Herrn Holz' Rügen zur Kenntnis genommen hatte, ging ich hinunter ins Lokal und bereitete die Küche vor, um gerüstet zu sein, falls ich, wie gestern, wieder fünfundfünfzig Essen kochen musste.

Um fünf Uhr kam Carl. Zu meiner Überraschung brachte er einen kleinen, portablen Fernseher mit. Als ich ihn fragte, was er damit vorhabe, sagte er:

«Maki, heute ist das Europameisterschaftsfinale

Deutschland gegen Tschechien! Wer jetzt nicht Fußball zeigt, bleibt allein.»

Richtig, das hatte doch gestern schon einmal jemand erwähnt. Ich war nur einfach so auf den Eröffnungsabend fixiert gewesen, dass ich mich gar nicht gefragt hatte, was danach kommen würde. Wir hatten zunächst ja auch ganz andere Sorgen gehabt. Wir mussten erst mal das Lokal aufräumen und die Spuren der letzten Nacht beseitigen. Berge von Kippen lagen auf dem Boden herum, ganze Armeen leerer Bier- und Weinflaschen, Gläser und Teller standen über Tische und Bänke verteilt. Eben genau die Art von Schlachtfeld, der man sich am Tag nach einer großen Party gegenübersieht.

Nach gut zwei Stunden harter Arbeit war alles wieder so, dass die neuen Gäste kommen konnten. Wegen des Fußballspiels, stellten wir uns vor, würden vielleicht besonders viele und besonders trinkfreudige Leute kommen.

Es wurde sechs, es wurde sieben, drei oder vier Partyleichen vom Vorabend kamen angeschlichen, unter ihnen auch Hübi. In Leder und Felle gehüllt wie immer, verkroch er sich mit einem Ausnüchterungs-Hasen in einer bequemen Ecke, von der aus er den Bildschirm im Blick hatte.

Ich machte mir keine Gedanken darüber, dass noch fast niemand da war, schließlich hatte ich gestern gelernt, wie schnell sich das ändern konnte.

Kurz vor Spielbeginn stand plötzlich ein vornehmer Herr in Begleitung einer eleganten Dame in der Tür, die Hübi, die Partyleichen und ich wortlos anstaunten. Carl begrüßte sie herzlich und sie ihn. Es war Graf Spreti, ein Freund von Carls Mutter, der Carl einen Besuch abstatten wollte. Graf Spreti kam in der irrigen Annahme, erst heute, am Sonntag, sei die Eröffnungsparty. Als er erfuhr, dass das nicht der Fall war, entschied er sich, dennoch zu bleiben, obwohl er, wie er sagte, sich für Fußball nicht interessierte.

In klassischer englischer Herrenausstattung setzte er sich neben den Endzeitbewohner Hübi und die übrigen Party-leichen, die auch gleich versuchten, sich von ihrer besten Seite zu zeigen.

Das Spiel begann, Graf Spretis mangelndes Interesse am Fußball stellte sich als heilbar heraus. Je dramatischer das Spiel wurde, desto entschiedener fieberte er mit, und als Deutschland durch Oliver Bierhoffs Golden Goal in der Nachspielzeit Europameister wurde, brach er in überglück-lichen Jubel aus und bestellte bei Carl zu diesem ganz be-sonderen Ereignis eine Runde Champagner. Damit brachte er den Barchef in eine peinliche Lage – wir hatten keinen Champagner im *Nage & Sauge*. Carl schwang sich aufs Rad und kam zehn Minuten später mit einer Flasche Pieper Heidsieck in der Hand wieder zurück. Ich habe keine Ahnung, wo er die so schnell auftreiben konnte. Graf Spreti verlor kein Wort über das kleine Missgeschick, und wir stießen an auf den Sieg im Wembleystadion.

Auch nach dem Spiel kam kein weiterer Gast mehr. «Kein Beinbruch», sagten wir uns. Da wir nicht gerade vorhatten, Fußball-Kneipiers zu werden, nahmen wir es nicht besonders tragisch. Schließlich würde Deutschland nicht jeden Sonntag Europameister werden.

Trotzdem war mir an diesem Abend im Gegensatz zum Rest der Nation etwas mulmig zumute. Ich hatte nicht erwartet, dass all meine Freunde und Bekannten, die sich am Abend zuvor so verausgabt hatten, heute gleich wieder- kommen würden. Aber wenigstens ein paar von ihnen hätte ich schon gerne begrüßt.

Tags darauf, am Montag, hatten wir das erste Mal die Möglichkeit, vernünftig einzukaufen und die Beleuchtung zu verbessern.

Ich besuchte ein Filmbeleuchtungsgeschäft bei den Bava- ria-Filmstudios. Ich erklärte das Neonleuchtenproblem, das wir im *Nage & Sauge* hatten. Der Verkäufer empfahl mir eine Folie mit dem pornomäßigen Namen «Golden Amber». Das ist eine gelb-orange Folie mit vielen Bronze- Anteilen, die von Filmbeleuchtern verwendet wird. Noch am gleichen Nachmittag bespannten wir die Neonröhren im Lokal damit und hatten plötzlich wunderbares, weiches Licht, das auch noch dem angegriffensten Bleichgesicht einen gesunden Teint verlieh.

Der Montag gilt in der Gastronomie als der schlechteste Wochentag. Die Arbeitswoche hat begonnen, kaum einer ist in der Stimmung, auszugehen und Geld auszugeben. Nach unserer Erfahrung vom Sonntag richteten wir uns seelisch darauf ein, dass wieder nichts oder nur wenig los sein würde, wurden diesmal aber freudig überrascht. Das Lokal war schon gegen acht Uhr gut besetzt.

Obwohl anstelle eines Leuchtschildes nur ein Müllsack für uns Werbung machte, schien sich bereits das Gerücht verbreitet zu haben, dass es da einen netten Laden gab, in dem man gut und preisgünstig essen und sich wohl fühlen konnte. Tag für Tag kamen jetzt mehr Leute. Unsere Vor- arbeit – fünfzehn Jahre lang konsequentes Herumhängen im Nachtleben – trug Früchte. Jeden Abend hatten wir ein volles Haus, und an den Wochenenden drängten sich in unserem Lokal mit fünfundfünfzig Sitzplätzen bis zu dreihundert Leute. Doch das Gedränge schien niemanden zu stören, im Gegenteil.

Selbst Carls anfängliche Skepsis verschwand nach und nach, obwohl er sich immer noch für den Namen *Nage & Sauge* schämte. Er nannte ihn nur, wenn es sich gar nicht mehr vermeiden ließ. Als dann nach ein paar Wochen die *Nage & Sauge*-Folien auf dem Leuchtkasten angebracht wurden und der Müllsack auf immer verschwunden war, war es allerdings amtlich.

Carl wand sich, als seine Mutter das erste Mal zu Besuch kam. Nun war es nicht mehr zu verbergen, dass er das Pariser *Ritz* gegen das *Nage & Sauge* im Münchener Stadtteil Lehel eingetauscht hatte. Aber sie war von der Stimmung im Lokal begeistert. Über den Namen sagte sie:

«Ein bisschen außergewöhnlich – aber authentisch.»

Es war nur eine beiläufige Bemerkung, aber eine, die Carl selig machte. Es konnte keine Zweifel mehr geben: Das *Nage & Sauge* hatte wirklich zu existieren begonnen. Und es war dabei, ein voller Erfolg zu werden.

Regel Nr. **14** *Germanistik, Kunstgeschichte, Soziologie und Pädagogik sind gute Studiengänge für die Gastronomie*

Schon nach zwei, drei Wochen musste ich feststellen, dass ich die Arbeit in der Küche nicht mehr allein bewältigen konnte, und auch Carl hinter der Bar und Chrissi als Bedienung hatten alle Hände voll zu tun. Wir arbeiteten uns einen Wolf, und jeder von uns hatte eine Siebzig-Stunden-Woche. Das hatte keiner von uns gewollt, ich am allerwenigsten. Ich hatte davon geträumt, eine Kneipe zu haben, gewiss, aber die Perspektive, die nächsten soundso viel Jahre bis zum Umfallen in der Küche zu schuften, gefiel mir gar nicht. Ich musste Leute finden, die mir Arbeit abnahmen.

Allein in der Küche kannst du fünfunddreißig Essen pro

Abend gut schaffen, wenn du sie mit frischen, am Nachmittag vorbereiteten Zutaten zubereitest: Salate mit kurz gebratenem Fleisch, keine Fertiggerichte und nichts Frittiertes. Aber bei fünfundvierzig Gerichten sind deine Kapazitäten voll ausgeschöpft, und bei fünfundfünfzig gerätst du in ernsthafte Schwierigkeiten. Du kannst sie ja nicht gleichmäßig über den Abend verteilt fertig machen, sondern die Hälfte zwischen acht und neun und die zweite Hälfte in der übrigen Zeit. Ich arbeitete jeden Tag bis zur Erschöpfung, so viel wie nie zuvor – und, gottlob, nie wieder danach in meinem Leben –, und trotzdem kam ich kaum hinterher. Einkaufen, Aufräumen, Spülen, Gemüse schneiden, all diese mehr oder weniger schönen Sachen musste ich ja auch noch alleine machen. Es war wie ein Fass ohne Boden, Abend für Abend kamen jetzt mehr Gäste. Die Leute mochten unseren Laden. Es war erstaunlich, wie schnell sich herumsprach, dass da ein neues Lokal aufgemacht hatte.

Ich fand, dass wir auf unauffällige Weise professioneller werden mussten. Wir brauchten Personal, doch wo sollten wir es finden? Antwort: unter den Gästen! Unser Publikum bestand vorwiegend aus Nachteulen. Studenten, junge Leute, die irgendwas mit neuen Medien, Film oder Fernsehen zu tun hatten, Jobber und Streuner. Viel Geld hatten die wenigsten, und etliche waren dabei, die immer froh waren, wenn sie sich hier oder dort einen Hunderter dazuverdienen konnten. Was lag da näher, als einige von ihnen zu fragen. Carl hatte es geschafft, zwei wirklich außergewöhnliche Frauen, Anita und Eyreen, ein paar Abende hintereinander für seine Bar zu begeistern. Sie saßen dort

auf den Hockern, rauchten munter Kette und hatten ihren
Spaß.

Der Tresen ist in jedem Lokal ein wichtiger Blickfang,
und wir waren froh, dass sich bei uns dort nicht die notori-
schen Weißbiergesichter eingefunden hatten, die sich stun-
denlang stumm ein Bier nach dem anderen einflößen,
dabei verstohlen den Frauen hinterherschielen, um schließlich nach dem elften Glas, pünktlich zur Sperrstunde, vom
Hocker zu kippen. Solche Typen sind der Tod jeder
Kneipe. Bei uns saßen Frauen an der Bar, denen zu Super-
models nichts weiter als zehn Zentimeter Körpergröße
fehlten und deren Wirkung auf den männlichen Teil der
Lokalbevölkerung Carl und mir nicht verborgen blieb.

Carl machte seine Sache ausgezeichnet. Er ist ein echter
Gentleman vom Scheitel bis zur Sohle und ein perfekter
Gastgeber, der es versteht, Frauen Komplimente zu machen, die sie nicht in Bedrängnis bringen. Es dauerte nicht
lange, und er unterhielt sich zwanglos mit Eyreen über dies
und das. Sie erzählte ihm, sie wolle Schauspielerin werden,
nehme auch gerade Unterricht, und Carl hakte ein. Da sei
das Geld sicher knapp. Ob sie sich da nicht ein bisschen
was dazuverdienen wollte. Es brauchte gar keine großen
Überredungskünste. Sie war sofort dabei und Anita auch.

Ohne uns noch recht darüber im Klaren zu sein, begannen wir, das *Nage & Sauge* zu dem zu machen, was es in
Zukunft werden sollte. Wenn man Leute einstellt, bestimmt
man damit auch ganz wesentlich den Charakter seines
Lokals. Wie sehr das der Fall ist, wurde mir erst allmählich
bewusst, als ich sah, wie stark die Publikumsreaktionen auf
die Veränderungen waren.

118

Kurze Zeit später kam noch Annette dazu, ein Schwabinger Hippie-Girl und genauso eine Zierde unseres Ladens wie die anderen zwei.

Eyreen, Anita und Annette hatten zuvor noch nie in der Gastronomie gearbeitet, sie waren hübsch und hatten eine freundliche Ausstrahlung. Es ist nicht gerade ein Geheimnis, dass Service-Leute besser freundlich sein sollten als unfreundlich, aber noch schrecklicher als eine muffelige Bedienung ist eine, die einen mit einem ungelenken «Was-kann-ich-für-Sie-tun?» empfängt.

Annette zum Beispiel gab jedem Gast das Gefühl: Du bist mein Freund. Das Lokal war mit zweihundertfünfzig Leuten gefüllt, alle rackerten unter Hochdruck, in den engen Gängen gab es kaum noch ein Durchkommen, aber Annette, in jeder Hand eine Bestellung, nahm sich die Zeit, mit einem Gast die Weinkarte durchzugehen, weil er sich bei der Auswahl seines Roten nicht ganz sicher war. Sie tat das geduldig und warmherzig, und es war nicht kalkuliert oder aufgesetzt, nicht gespielt. Kein Wunder, dass die Gäste von ihr begeistert waren.

Eyreen wiederum musste gar nicht irgendwie sein, ihr steckten die Männer ohnehin ihre Telefonnummern zu. Sie fand das übrigens nicht lustig, besonders nicht, wenn sie Liebeskummer hatte, was öfter vorkam, weil sie sich immer wieder diese superspeziellen Plattenverkäufer-schrägo-Trainingsjackentypen aussuchte, mit denen man kein normales Wort reden kann. Ihre eigentliche Leidenschaft aber gehörte dem Stricken. Jede freie Minute nutzte sie dafür, selbstverständlich niemals ohne eine brennende Kippe im Mund, denn sie war die gnadenloseste Kettenraucherin,

119

der ich je begegnet bin, und selbst wenn ich sie anflehte, endlich mit diesem Stricknadel-Gefummel aufzuhören, wollte sie einfach nicht davon lassen.

Wir wollten mit Leuten zusammenarbeiten, die Spaß an ihrer Arbeit hatten, für die Arbeiten und Ausgehen beinahe dasselbe war. Wenn jemand fünf oder sechs Nachtschichten pro Woche schieben muss, verliert sich der Spaß schnell. Alle Mädels, die bei uns im Service arbeiteten, hatten noch andere Jobs. Die meisten von ihnen waren Studentinnen, und sie lebten alle nicht ausschließlich vom Kellnern im *Nage & Sauge*. Das gab uns die Möglichkeit, einen Wochenplan aufzustellen, nach dem jeden Tag jemand anderes zum Service eingeteilt war. Das brachte für die Service-Mädchen den Vorteil, dass sie flexibel über ihre Abende verfügen konnten. Sie konnten selbständig tauschen, ohne dass ich überhaupt etwas davon erfahren musste. Falls jemand ausfiel, war es für sie einfach, untereinander zu klären, wer als Ersatz einsprang, und den Rest der Woche über war noch genug Zeit, um etwas anderes zu tun, als zu arbeiten.

Dieses System hatte für mich den Vorteil, dass ich mich um wenig kümmern musste. Außerdem machte es mich unabhängig von Einzelpersonen. War eine Bedienung krank, stand ich nicht eine ganze Woche ohne Service da, sondern nur einen Abend – und für den war schnell Ersatz gefunden.

Das Ganze funktioniert natürlich nur, wenn deine Service-Mädels nicht von dem leben müssen, was sie bei dir verdienen. Am besten nimmst du also Studentinnen für den Job. Freundliche, gut aussehende Studentinnen.

120

Gemessen an den Einkünften ihrer akademischen Kollegen, können sie als ungelernte Kellnerinnen in einer gut gehenden Kneipe richtig viel Geld verdienen. Dabei ist grundsätzlich zu unterscheiden: Es gibt zwei Arten von Studenten. Diejenigen, die etwas Vernünftiges studieren: Medizin, Jura, Ingenieurswissenschaften. Sie arbeiten relativ selten in der Gastronomie, und wenn, sind sie zuverlässig, fleißig – aber auch nicht lange da. Bald haben sie ihre Examen in der Tasche und finden einen besseren Job.

Na ja, und dann gibt es da noch die Fächer Germanistik, Kunstgeschichte, Soziologie, Pädagogik und all dieses Zeug. Das sind alles ganz hervorragende Studienrichtungen für die Gastronomie. Wer so was studiert, wird selten eine richtige Arbeit finden. Mit anderen Worten: Mit solchen Mitarbeitern wird man langfristig planen können. Anfangs war mir nicht ganz wohl bei solchen Überlegungen. Schließlich wollte ich nicht den beruflichen Ruin eines halben Dutzends schöner Geisteswissenschaftlerinnen auf dem Gewissen haben. Aber ich wurde bald beruhigt. Wer ein Problemfach studiert hat und deshalb keinen Job findet, wird sich nicht um eine Festanstellung in deinem Laden bemühen. Er müsste sich eingestehen: «Ich bin Kellner geworden.» Kellnern wird als coole Sache angesehen – aber nur, solange man jung ist und «eigentlich» etwas anderes macht.

Der Service war nun also ziemlich professionell organisiert, und unsere Gäste freuten sich daran, dass jeden Abend eine andere hübsche Frau bediente.

Regel Nr. 15 — Überlass die Theke den Helden

Carl benötigte ebenfalls Unterstützung, denn allein konnte er die Bar nicht mehr schmeißen. Für diesen Job brauchten wir Profis, die wir höchstwahrscheinlich unter den Gästen nicht finden würden. Der Barmann muss gut aussehen, Drinks mixen können, mit den Leuten umgehen und noch mehr als das. Er muss Ausstrahlung haben. Er ist die Diva, der Chef des Ensembles und des Abends in einem. Mir fiel nur einer ein, der diese Rolle übernehmen konnte: Ralf, genannt Stempfi. Er war Barmann in einer Kneipe gewesen, in der ich einmal gearbeitet hatte. Stempfi ist groß und muskulös, sieht extrem gut aus, immer ausgesucht stylish gekleidet, hat ein absolut bezauberndes Jungs-Lächeln. Ein echter Frauentyp, dabei sehr freundlich, kumpelhaft und natürlich. Er wusste, wie man Cocktails mixt, und ich wusste, dass wir alle Frauen im Lokal auf unserer Seite haben würden, wenn er hinter der Bar stünde. Außerdem hatte er eine feste Freundin, war in sicheren Händen, was ihn für die weiblichen Stammgäste, die bald in der Mehrheit waren, noch attraktiver machte. Es verlieh ihm eine Sicherheit und Unnahbarkeit, deren Ursache sie vielleicht nicht kannten, die ihnen aber gefiel. Außerdem konnte Stempfi gut mit den Service-Mädels. Er fing nichts mit ihnen an und behielt so die Autorität, auch mal zu ihnen zu sagen:

«Jetzt nicht stricken, dahinten an Tisch sieben warten die Leute schon auf ihre Drinks!»

Stempfi war von Anfang an immer die Nummer eins hinter der Bar, ein echter Meister seines Fachs. Er und die Service-Mädels agierten Abend für Abend wie eine Theater-Truppe. Der Gastraum des *Nage & Sauge* war ihre Bühne. Jeden Abend eine Vorstellung zu haben ist sicher anstrengend, aber es gibt einem auch viel zurück. Man spielt vor einem dankbaren Publikum, das nicht mit Applaus spart, wenn ihm gefällt, was es zu sehen bekommt.

Ich wäre nicht auf die Idee gekommen, an dieser Konstellation etwas zu ändern, hätte nicht eines Tages ein eins fünfundneunzig großer Mann mit Cowboyhut, schwarzem Hemd und strohblonden, geflochtenen Mädchenzöpfen vor der Tür des *Nage & Sauge* gestanden, der mich fragte:

«Hi, mein Name ist Gene. Kann ich bei euch als Barmann anfangen?»

Es klang eher nach Drohung als nach Frage.

«Woher kommst du denn?»

123

« Aus Berlin. »

Meine Entscheidung war innerhalb von fünf Sekunden gefallen. Der Typ sah grandios aus. Wer sagte schließlich, dass man nicht zwei extravagante Figuren an der Bar haben konnte? Sie mussten sich nur gut ergänzen, so, wie sich der Sänger einer Band und der Lead-Gitarrist ergänzen. Bei Stempfi und Gene konnte das der Fall sein. Stempfi, der Sänger, Gene, der Lead-Gitarrist. Zwei glamouröse hünenhafte Hipster, wobei Stempfi den sonnigen Part übernähme und Gene den düsteren. Ich bat Gene herein, und wir redeten über die Einzelheiten. Wir wurden uns schnell einig.

An einem Freitagabend arbeiteten die beiden zum ersten Mal zusammen und harmonierten prächtig. Die Service-Mädels wie die weiblichen Gäste waren begeistert, Gene schlug ein wie eine Bombe. Er trug eine toupierte Frauenfrisur und dazu ein eng anliegendes bauchfreies T-Shirt. Er sah aus wie David Bowie Anfang der Siebziger.

Gene gab sich beim Arbeiten unheimlich die Kante, doch hatte er sich gut im Griff. Sein Job entglitt ihm nicht, im Gegenteil, er verbreitete so eine glamouröse Endzeitstimmung hinter der Bar, dass es sicher nicht wenige Gäste gab, die nur seinetwegen kamen.

An der Bar tauchte häufig Genes Freundin Anina auf, auch sie eine Berlinerin, in einem der kürzesten Röcke aus weißem Lackleder, die je hergestellt worden waren. Sie trug Plateauschuhe und sonst eigentlich fast nichts. Als ich sie das erste Mal sah, hätte ich darauf gewettet, dass sie sich vor nicht mehr als einer halben Stunde ihren letzten Schuss gesetzt hätte. Tatsächlich war Anina Volontärin in der « Bravo »-Redaktion, hatte, auch wenn es entschieden anders aussah, weder mit Prostitution noch mit Drogen etwas zu tun. Sie brachte einfach ein bisschen was von dem Berliner *heroin chic* ins *Nage & Sauge*, den sich in München keine Frau trauen würde. Wenn Anina an der Bar saß und ihrem Gene bei der Arbeit zusah, verströmte sie eine mondäne Hinfälligkeit, die einfach unübertroffen war.

Ich war sehr zufrieden mit diesem Arrangement. Es repräsentierte auf einen Blick, wofür das *Nage & Sauge* stand. Zu dieser Zeit waren schon die ersten Berichte in der Presse über uns erschienen, und die ersten Starnberger Blauhemden und andere P1-Gäste schauten bei uns herein – und waren auch gleich wieder draußen, wenn sie sahen, was bei uns schon um sieben Uhr abends los war: eine halb nackte Junkie-Professionelle an der Theke, ein gewalttätig aussehender Transvestit hinter der Bar und aus den Boxen dazu: Genes Lieblingsband, Jon Spencer Blues Explosion!

Gene ließ den Berliner Künstler ziemlich raushängen. Wie alle Superberliner war er in Wirklichkeit keiner, sondern ein Bäckersohn aus Koblenz, der eigentlich Martin hieß. Aber wen interessierte das schon? Wenn er startete, um vier Bier zu servieren, und dabei im Vorbeigehen in den Flaschencontainer kotzte, bevor er ganz ungerührt den Gästen – die das allerdings nicht gesehen hatten – ihre Getränke hinstellte, fand ich das schon krass. Doch das änderte nichts daran, dass er mit Stempfi zusammen die Starbesetzung an der Bar bildete. Wenn du die Theke den Helden überlässt, weiß das Publikum auf einen Blick, in welche Richtung dein Lokal geht.

Regel Nr. **16** *Sei nett zum Küchenpersonal – vielleicht hast du es bald nicht mehr*

Das Küchenpersonal ist unsichtbar. Sie sind die im Dunkeln, die man nicht sieht. Vielleicht ist das der Grund, warum sie beim einen oder anderen weniger gelten. Ich bin selbst lange und oft genug in der Hitze abgeschotteter Küchen gestanden, um zu wissen, wie frustrierend es sein kann, Abend für Abend komplett ignoriert zu werden, während draußen das Leben tobt. Nur wenn das Essen zu lange dauert, erfährt man, dass es dort wirklich Leben gibt, nämlich dann, wenn das Service-Personal hereinkommt, um sich im Namen der Kunden zu beschweren. Küchenarbeit ist hart und manchmal ziemlich stupide. Aus diesem Grund gibt es dort eine hohe Fluktuation, auch bei uns.

Die Leute kamen und gingen. Ich wusste warum, war es mir doch selbst jahrelang schwer genug gefallen, einen Küchenjob länger als sechs Monate durchzuhalten. In meiner Kneipe sollte es das Küchenpersonal gut haben, damit es mir lange bliebe.

Mein Ziel war, die Leute in der Küche in möglichst enge Verbindung mit den Gästen zu bringen. Sie sollten nicht das Gefühl haben, vor den Gästen versteckt zu werden. Im *Nage & Sauge* hatte ich beim Umbau deshalb zuerst einmal die Küchentür herausgerissen. Die Gäste müssen sehen, wer für sie kocht, und der Koch muss auch was zu schauen haben! Die Gäste müssen sich an den Türstock der Küche lehnen können, um sich mit dem Koch zu unterhalten oder ihm einfach nur zu sagen, dass es ihnen geschmeckt hat oder nicht geschmeckt hat oder was auch immer. Ich wollte auch, dass die, die sich um die Salate kümmerten, nicht den ganzen Abend in einer Ecke standen und schnitten, sondern auch servierten, wenn viel Andrang war. Meine Küchenleute freuten sich wirklich darüber, einmal unter die Gäste zu kommen, und für die war es nett, weil sie schon wieder ein neues Gesicht sahen und außerdem gleich noch ihren Wunsch nach einem neuen Dip-Korb loswerden konnten.

Die ständige Suche nach dem richtigen Personal veranlasste mich zu einem Schritt, der mir selbst nicht ganz geheuer war. Ich entschloss mich, das *Nage & Sauge* zu einem Lehrbetrieb zu machen, was bedeutete, dass ich mich zunächst selbst wieder einer Ausbildung zu unterziehen hatte, nämlich der zum Lehrlingsausbilder. Die Industrie- und Handelskammer bietet entsprechende

127

Kurse an, ich belegte einen davon. Wie schon zu Berufs-
schulzeiten besuchte ich den Unterricht fast nie. Für mich
selbst hatte ich die gute Entschuldigung, dass ich ein Lokal
zu führen hatte. Was andere in der Theorie vielleicht lernen
mussten, musste ich Tag für Tag im *Nage & Sauge* prakti-
zieren. Eine Auffassung, die ich bei der Prüfung am Ende
des Kurses wohlweislich für mich behielt. Die Prüfung
wurde von einem Herrn der IHK abgenommen und war
mündlich. Ich hatte keinen blassen Schimmer, was der von
mir wollte. Ich ahnte, dass es das war, was die anderen im
Kurs gelernt hatten.

«Herr Frankl, bitte definieren Sie mir den Begriff ‹ Arbeit ›.»

«Also, ähm, Arbeit ist, äh, die Summe aller Tätigkeiten,
nicht wahr, die jemand verrichtet.»

«–»

«Die also jemand verrichtet und mit denen er etwas tut.»

«–»

«Nämlich etwas tut, was ihm, äh, angeschafft worden ist.»
Der Prüfer sah mich durchdringend an.

«Herr Frankl, Sie können mir diese Frage nicht korrekt
beantworten, nicht wahr?»

«Korrekt beantworten? Doch! Selbstverständlich! Ich
sage Ihnen, wie praktisch der Begriff Arbeit, wenn man ihn
einmal genau unter die Lupe nimmt, definiert ist, nicht
wahr?»

Wieder ein langer, strenger Blick des Prüfers.

«Herr Frankl, Sie sind mit Abstand der älteste Teilneh-
mer bei diesem Seminar. Und Sie wissen *gar* nichts! Wer
sind Sie denn eigentlich?»

«Das stimmt», sagte ich demütig, «das stimmt. Ich weiß gar nichts. Aber ich tue was für die Wirtschaft, wissen Sie?»

Ich erklärte ihm, dass ich der Einzige im Kurs war, der einen eigenen Betrieb hatte und Lehrlinge ausbilden konnte und das auch gerne tun würde, nur, dass es mir meine vielfältigen Verpflichtungen nicht erlaubt hatten, den Kurs in der Regelmäßigkeit zu besuchen, wie es vielleicht nötig gewesen wäre. Und so weiter. Ich redete so lange, bis er mich mit einem sachten Handzeichen unterbrach.

Obwohl wir allein im Raum waren, sah er sich um, als wolle er sich vergewissern, nicht beobachtet zu werden. Er unterzeichnete einen Ausbildungsbrief und schob ihn mir über den Tisch.

«Und jetzt, in Gottes Namen, gehen Sie. Gehen Sie.»

Und so hatte ich auch diese Prüfung, die vorerst letzte in meinem Leben, mit Erfolg absolviert. Nach einem Lehrling musste ich nicht lange suchen, denn ich hatte ja Joe. Joe war eine Hilfskraft in der Küche, der gelegentlich bei uns arbeitete. Er war schon fünfundzwanzig, kräftig, hatte schüttere, lange Haare und kleidete sich wie diese Attac-Typen. Er rauchte entschieden zu viel Pot und war gerade dabei, auf die schiefe Bahn zu geraten. Er hatte keinen Personalausweis, einen Prozess wegen Schwarzfahrens am Hals und keine Lohnsteuerkarte, weil er Angst hatte, sie von der zuständigen Behörde abzuholen.

«Die verhaften mich, wenn ich dort hinkomme!»

Wegen seiner ewigen Kifferei war die Polizei hinter ihm her. Man konnte also getrost behaupten, dass er einen großen Sack von Problemen mit sich herumschleppte.

Als er hörte, dass ich nun Ausbilder war, kam er an:

«Maki, ich habe nie auf meine Eltern gehört, die mir immer sagten: ‹ Du brauchst eine abgeschlossene Berufsausbildung.› Aber ich hab's jetzt kapiert. Bitte gib mir eine Chance.»

Ich hatte eigentlich keine Lust dazu, aber ich erinnerte mich an mich selbst, wie ich, ein paar Jahre jünger zwar, aber ähnlich orientierungslos in der Welt herumstolperte.

«Also gut», sagte ich, «probieren wir's.»

Joe hatte eine Freundin namens Bette, eine impulsive Hippie-Frau mit hennaroten Dreadlocks, die ausschließlich in Fair-Trade-Klamotten herumlief. Joes Beziehung zu dieser Frau war, weniger wirtschaftlich als emotional, ruinös. Wenn Joe im *Nage & Sauge* arbeitete, war sie meistens auch da. An einem Tag liebte sie ihn und turtelte ohne Unterlass mit ihm herum, am nächsten Tag hasste sie ihn und warf ihm völlig ungeniert durchs gut gefüllte Lokal die wüstesten Beleidigungen an den Kopf. Wenn sie wütend war, beschimpfte sie alles und jeden als «fascho».

Einmal, an Joes Geburtstag, kamen seine bedauernswerten Eltern mit einem Blumenstrauß und einem selbst gebackenen Kuchen ins *Nage & Sauge*. Um halb fünf standen sie vor der Küchentür und brachten Joe ein Geburtstagsständchen. Sie freuten sich so, dass er jetzt, wo sie gar nicht mehr daran geglaubt hatten, eine Lehre begonnen hatte. Sie wirkten etwas betulich. Es war ihm saupeinlich. Bette beobachtete die Szene voller Missgunst, redete mit Joes Eltern kein Wort und sagte, als sie gegangen waren, zu Joe:

«Mensch, hast du süße Eltern.»

Joe meinte:

«Wieso? Die sind doch fascho!»

Natürlich gab es sofort wieder Streit.

Den anderen Mitarbeitern ging Bette gehörig auf die Nerven. Wenn Stempfi sie ins Lokal kommen sah, begrüßte er sie schon mit den Worten:

«Ah, gibt's heute wieder eine Stunde lang ‹Blöde-Sau›-Action? Oder kommst du nur so vorbei?»

Sie ignorierte ihn und dampfte schnurstracks auf die Fascho-Küche zu.

Ab und zu bekam ich mysteriöse Anrufe von Leuten, die ihre Namen nicht nennen wollten und fragten, ob Joe Keller bei mir beschäftigt sei.

«Der Typ schuldet mir Geld. Und ich will es wiederhaben. Und ich werde es auch wiederkriegen.»

Joe schien noch mehr Probleme zu haben, als ich anfangs gedacht hatte, und soweit ich sehen konnte, entstanden sie alle daraus, dass er ununterbrochen bekifft war. Er war einfach ein komplett desorientierter, verrauchter Hippie, der schon mit roten Kaninchenaugen zur Arbeit erschien. Erstaunlicherweise kochte er gut. Das war aber auch alles. Weil er immer breit war, schlampte er ziemlich herum. Nach seiner Schicht sah es in der Küche regelmäßig aus wie in einem Saustall.

Die Berufsschule besuchte er auch nicht. Dafür hatte ich ja ein gewisses Verständnis. Um acht Uhr morgens irgendwo sein zu müssen war für Joe ein Ding der Unmöglichkeit. Trotzdem dachte ich eine Weile, es wäre möglich, ihn durch die Lehre zu lotsen. Doch es klappte nicht. Eines Tages landete er im Knast.

Nachts um elf rief mich Bette an und forderte von mir 400 Euro. So hoch sei die Kaution, die sie für ihn verlangten.

«Wenn du morgen wieder einen Koch willst, gib mir das Geld», sagte sie.

Ich überlegte einen Augenblick und kam zu dem Schluss, dass ein Wochenende in Haft vielleicht genau das war, was Joe brauchte. Ich wusste ja Bescheid.

Außerdem hatte ich keine Lust, auf Bettes Forderung einzugehen. Sie schien es für meine Pflicht zu halten, die Kaution zu bezahlen. Aber ich hatte Joe ja nicht adoptiert, ich hatte ihm lediglich eine Lehrstelle gegeben.

«Nein, ich will seine Kaution eigentlich nicht bezahlen.»

«Dann gib ihm das Geld wenigstens als Vorschuss.»

«Den krieg ich doch sowieso nie wieder zurück.»

«Ich hab's immer gewusst, dass du ein mieser Fascho-Imperialist bist. Und ein Fascho-Schwein. Hau ab, Mensch!»

Sie hängte ein. Na, wie auch immer. Joe kam nach zwei Nächten im Knast wieder raus. Im *Nage & Sauge* tauchte er nie wieder auf, seine Lehre schmiss er. Später, hörte ich, bekochte er im Eine-Welt-Haus Demonstranten. Vielleicht war das der bessere Weg für ihn.

Meine Suche nach den richtigen Mitarbeitern für die Küche ging weiter, bis ich zufälligerweise auf der Straße Sam und Brad wiedertraf, zwei Australier, die in dem Laden, wo ich zuletzt als Koch gejobbt hatte, Küchenhilfen gewesen waren. Sie arbeiteten noch immer dort. Ich machte ihnen vom Fleck weg ein Angebot.

«Ihr verdient eine Mark mehr in der Stunde und arbeitet

in einem Lokal, in dem ihr das Gefühl haben werdet, selbst im Nachtleben unterwegs zu sein.»

Es ist nicht außergewöhnlich, dass einem im Nachtleben die Leute abgeworben werden. Das passiert ständig. Eineinhalb Jahre nach der Eröffnung des *Nage & Sauge* machte, nicht allzu weit davon entfernt, ein neuer Laden auf. Er gehörte ein paar Leuten, die ich gut kannte und die oft bei uns zu Gast waren. Einige von ihnen hatten sogar bei uns gearbeitet. Jetzt versuchten sie, unsere Service-Mädels abzuwerben. Nicht ohne Erfolg. Ein Teil der Mädels arbeitete von da an sowohl im *Nage & Sauge* und in dem neuen Laden, was zur Folge hatte, dass die Leute glaubten, das *Nage & Sauge* habe eine Filiale eröffnet. Ein Gerücht, dem wir nie widersprachen, wenn wir es hörten. Irgendwann tauchte es sogar in der Presse auf. Eigentlich ist es ja ein Kompliment, wenn die Konkurrenz plötzlich in dein Lokal marschiert und ganz offen versucht, deine Leute abzuwerben. Man darf das nicht persönlich nehmen. Man muss es nur, wenn irgend möglich, verhindern. Ich hatte also kein schlechtes Gewissen, als ich Sam und Brad abwarb. Sie sagten beide sofort zu.

Sam und Brad kamen jeden Sommer nach Deutschland, um in der Gastronomie zu arbeiten. Auf diese Weise machten sie billig Europaurlaub. Sie putzten und schnitten die Salate, wie ich es mir wünschte, und ich brachte ihnen bei, wie man Fleisch in der Pfanne grillt, damit sie die Gerichte auf der Karte selbst zubereiten konnten.

Sam war erst achtzehn Jahre alt, sah aber älter aus mit seiner dunklen Elvis-Tolle und seinem ziemlich kräftigen, muskulösen Körper. Er sprach ein witziges Deutsch-

Australisch und kam gut bei den Frauen an. Er hatte ein undurchschaubares, aber überaus aktives Beziehungsleben, was eine ziemliche Unruhe um ihn herum verursachte. Ihm selbst schien das nicht viel auszumachen. Er verlor auch im größten Stress nicht die Ruhe, war immer für einen Scherz gut, und wenn einmal weniger los war, beschäftigte er sich anderweitig. Einmal bastelte er aus einem Abflussrohr, das irgendwo herumlag, ein Didgeridoo. Beim Kochen blies er jetzt immer darauf, oingoioioioingoioioioioingoioioi! Die Gäste hatten ihren Spaß daran.

Sam war zum Kochen eingeteilt, und ich war zu Hause, als mich, tief besorgt, Herr Holz anrief:

«Herr Nagel, da ist irgendetwas mit der Leitung nicht in Ordnung. Ich höre da so ein Gurgeln, da ist irgendwas in der Abwasserleitung.»

Am nächsten Tag brachte ich es Sam schonend bei.

Brad sah ganz anders aus als Sam. Er war ein blonder Lockenkopf aus Perth, sah aus wie ein Surfer und war auch einer. Er hatte eine feste Freundin in München, bei der er wohnte. Er arbeitete zuverlässig bis zum letzten Wochenende im September. Ohne wirklich nachzudenken, hatte ich ihn für die Sonntagsschicht eingeteilt, Stunde um Stunde verging, er kam nicht. Brad war immer da, war nie krank, fehlte nie, er war ein Vorbild an Zuverlässigkeit. Ich begann mir ernstlich Sorgen zu machen. Ich rief ihn auf seinem Handy an, aber erreichte ihn nicht. Irgendwie gelang es mir, an die Nummer seiner Freundin zu kommen, die mir schließlich erzählte, was passiert war.

Es war das erste Oktoberfestwochenende. Sam und Brad waren schon am Samstagmittag zum Anstich auf die Wiesn

gegangen. Sie hatten sich sogar bayerische Trachten dafür
ausgeliehen. Zehntausende von Australiern pilgern bekanntlich jedes Jahr auf die Wiesn, und Sam und Brad trafen unglückseligerweise auf einen ganzen Haufen ihrer
Landsleute. Es war der krönende Abschluss ihrer Europa-
Tour. Sie soffen sich so dermaßen die Hucke voll, dass Brad
erst um drei Uhr nachts nach vierzehn Stunden im Bierzelt
und ich weiß nicht wie vielen Liter Bier mit der S-Bahn
nach Hause zu seiner Freundin fuhr, die in Pasing am Stadt-
rand von München wohnte. Er schaffte es bis zur S-Bahn-
Station Pasing, und dann begann das Drama: Der Bahnsteig
war zu schmal für ihn. Er rutschte aus Versehen den Bahndamm hinunter. Er war so blau, und der Spalt zwischen
Bahndamm und Böschung, in dem er gelandet war, war so
eng und so dunkel, dass er es nicht mehr nach oben schaffte. Nach ein paar Versuchen, sich zu befreien, ergab er sich
erschöpft in sein Schicksal und schlief an diesem ungast-
lichen und kalten Ort einfach ein. Er wäre glatt erfroren,
hätte er nicht wenigstens diese leichte Trachtenjacke ange-
habt, den der eine oder andere vielleicht unter der Bezeich-
nung «Sommer-Stoiber» kennt. Sein «Sommer-Stoiber»
hat ihm das Leben gerettet. Als er morgens um sechs er-
wachte, begann er, jämmerlich um Hilfe zu schreien. Tatsächlich fand ihn bald darauf ein Bahn-Angestellter, der ihn
aus seiner misslichen Lage befreite. Er schleppte sich nach
Hause und legte sich, schwer unterkühlt, bei seiner Freundin ins Bett, die mir nun mitteilte: «Brad kann in diesem
Zustand unmöglich zur Arbeit kommen.»

Das leuchtete ohne weiteres ein. Ich übernahm seine
Schicht.

Für alle Zukunft wusste ich: Willst du deine Australier artgerecht halten, dann entbinde sie während der Oktoberfestzeit von all ihren Pflichten, denn zur Arbeit erscheinen sie entweder gar nicht oder besoffen oder mit einem blauen Auge, wie Sam zu seiner Schicht tags darauf. Er wollte nicht sagen, wo er sein Veilchen herhatte, aber das war ja auch ohne Worte klar.

Bald nach ihrem großen Wiesnerlebnis gingen Sam und Brad zurück *down under*, und ich musste wieder damit anfangen, mir neue Leute zu suchen. Die meisten hielten es nur ein paar Monate aus, nicht anders als ich früher. Ich gewöhnte mir bald an, mich nicht mehr darüber zu ärgern, sondern es als eine unabänderliche Tatsache zu nehmen. Küchenarbeit in der Szenegastronomie ist für die wenigsten ein Langzeitjob.

Regel Nr. **17** *Sei nett zu den Frauen!*

Carl und ich waren uns von Anfang an immer einig, dass das *Nage & Sauge* ein Ort sein sollte, der den Frauen gefällt. Ihnen wollten wir unsere ganz besondere Aufmerksamkeit widmen. Frauen sind im Allgemeinen wesentlich anspruchsvoller als Männer, wenn es um die Auswahl des Lokals geht. Männer fühlen sich auch in einem Bunker wohl, der ausschließlich mit Müllsäcken eingerichtet ist, Hauptsache, es gibt genug Bier und laute Musik. Sollte dann sogar noch ein funktionsfähiger Kicker irgendwo herumstehen, ist der Gipfel des Glücks erklommen. Frauen gefallen solche Orte in aller Regel nicht. Wir wollten nicht, dass das *Nage & Sauge* eine solche Bierhöhle wird, aber auf das trinkfreudige männliche Publikum wollten wir auch nicht verzichten. Allerdings würden die Männer ohnehin kommen, sobald es uns gelänge, viele hübsche Frauen zu uns hereinzulotsen. Die Frage war also: Wie bekommst du möglichst viele hübsche Frauen in dein Lokal? Antwort: Indem du eine ansprechende Atmosphäre schaffst, dich interessiert an ihrem Wohlergehen zeigst und – zumindest einigermaßen – nett und nüchtern bist. Wir stellten Vasen mit Blümchen auf die Tische und Kerzen, die angezündet wurden, sobald jemand Platz nahm. Es gab Dip-Körbchen und Saucen, egal, ob jemand etwas zu essen bestellte oder nicht. Und logischerweise ist es von größter Wichtigkeit, wie die Vase, die Blümchen, die Kerzen, die Kerzenständer, die Aschenbecher, die Dip-Körbchen, die Dips und die Dip-Saucenbehälter *aussehen*. Wenn man dabei was falsch macht, bewirken sie genau das Gegenteil dessen, was sie sollen, und die weiblichen Gäste bleiben weg. Es muss ihnen Freude machen, diese kleinen Dinge anzusehen. Noch mehr als das Aussehen dieser kleinen Dinge interessiert die Frauen aber, wie der Barmann aussieht und ob er charmant ist, ohne zu nerven. Ist das der Fall, werden an der Bar schöne Frauen sitzen, und das ist nicht nur für sie und den Barmann erfreulich, sondern auch für dich und deinen Laden. Und verloren bist du, wenn anstelle der schönen Frauen plötzlich die Weißbiergesichter Platz nehmen.

Von Anfang an waren fünfundsiebzig Prozent der *Nage & Sauge*-Gäste weiblich. Frauen sind als Gäste angenehm, machen aber viel Arbeit. Sie trinken nicht so viel wie Männer, verabreden sich aber gerne ausdrücklich zum Essen, sodass man beinahe für jede Besucherin ein

Gericht zubereiten muss. Erst später am Abend kommen die trinkwilligen Jungs dazu und heben den Umsatz.

Ob Frauen oder Männer, mit den erwähnten kulinarischen Nettigkeiten wird man ein Feinschmecker-Publikum nicht beeindrucken können. Das war auch nicht unsere Absicht. Im *Nage & Sauge* hat die emotionale Qualität den Vorrang vor der technischen Qualität.

Sind die Getränke richtig temperiert? Schmeckt das Essen? Sind die Zutaten frisch? Stimmt die Raumtemperatur, zieht es, ist es zu warm, zu kalt? Sitze ich gut und bequem? Wie lange dauert der Service? Das alles sind Fragen der technischen Qualität. Sie stehen in der konventionellen Gastronomie an erster Stelle. Auch im *Nage & Sauge* sind sie wichtig, aber noch mehr zählt die emotionale Qualität.

Die wichtigste Frage in dieser Hinsicht ist die am schwierigsten zu beantwortende: Ist der Laden cool? Diese Frage kannst du selbst nicht beantworten. Natürlich bist du der Meinung, dass dein Laden cool ist, und du tust alles dafür, dass er es ist, aber die Einzigen, die darauf eine gültige Antwort geben können, sind deine Gäste, und sie tun es niemals direkt, sondern, indem sie zu dir kommen – oder wegbleiben. Wenn sie dein Lokal, dich und deine Mitarbeiter trendy finden, werden sie dich besuchen, wenn nicht, dann nicht. Sie werden kommen, wenn sie dort Leute treffen, die sie kennen und gut finden, gleich, ob Personal oder andere Gäste. Entsteht der Eindruck, in diesem oder jenem Laden läuft immer eine gute Party, ist es egal, wenn das Essen einmal länger dauern sollte oder das Bier nicht richtig kalt ist, die Leute werden trotzdem kommen. Jede gute Kneipe funktioniert im Wesentlichen über emotionale Qualität.

Kommst du in ein leeres Lokal, in dem der Barmann vor sich hin poliert, ohne einen Mucks zu machen, wenn er dich sieht, in dem die Bedienung stumm daneben sitzt und raucht, ist die emotionale Qualität gleich null. Steht hinter der Bar aber ein gut gelaunter Typ, der mit einer hübschen Bedienung herumscherzt, wird dich das sofort in den Laden hineinziehen – und wenn du dann auch noch freundlich von den beiden begrüßt wirst, wirst du so schnell nicht mehr gehen wollen. Gibt dir die Bedienung bei der Bestellung dann das Gefühl, die richtige Wahl getroffen zu haben, wirst du auch mal eine längere Wartezeit hinnehmen. Ist sie unfreundlich und gleichgültig, wird es dir leichter fallen, dich zu beschweren.

Junge, unerfahrene Leute, die mit wenig Geld eine Kneipe eröffnen, können technisch nie Spitze sein, aber sie haben etwas, worum sie der Rest der Welt beneidet: Sie haben Spaß an dem, was sie tun, denn ihre Arbeit sieht beinahe so aus wie das, was andere Leute in ihrer Freizeit tun. Sie machen Party mit ihren Freunden.

Bis Mitte der Neunziger galt es als uncool, freundlich zu sein. Außerdem war Unfreundlichkeit ein Selektionsprinzip. Die Gäste, die einem nicht passten, wurde man durch schlechte Behandlung los. Dass man geduldet war, erfuhr man dadurch, dass man wortlos sein Bier hingestellt bekam. Wir wollten das im *Nage & Sauge* nicht. Natürlich waren uns auch nicht alle Gäste recht, aber, so glaubten wir, wenn wir uns auf eine bestimmte Art präsentierten, würde das nur ein bestimmtes Publikum anziehen – ebenjenes Publikum, das wir haben wollten. Vom Service gab es immer wieder mal den Vorschlag, einen Türsteher

140

zu engagieren. Das haben wir nie gemacht. Wer einmal von einem Türsteher weggeschickt wird, kommt nie wieder.

Daher haben wir versucht, durch die Atmosphäre des Lokals, durch die Leute, die bei uns arbeiteten, und die Musik, die wir spielten, klar zu machen, an wen wir uns wendeten.

Das klappte eigentlich ganz gut, mit Ausnahmen. Die berüchtigtste Ausnahme war Ulf. Über die meisten Nervensägen lässt sich, wenn man sie erst mal los ist, ja sagen: «Eigentlich war er doch ein ganz netter Kerl.» Über Ulf nicht.

Ulf war ein großer, spindeldürrer Typ mit einer schütteren, rotblonden Idiotenfrisur. Er war Mitte zwanzig, trug hellblaue Geschäftshemden zu Jeans und Lederschuhen und gab somit den klassischen Starnberger. Manche Skatertypen werden erst mit vierzig wie ihre Eltern, die Starnberger Hellblauhemdler hingegen schon mit zwanzig. Ulf war ein beispielhafter Vertreter dieser Gattung.

Ulf war in der Computerbranche tätig, was immer das heißen mochte. Offenbar verdiente er prächtig. Beinahe jeden Abend kam er in seinem BMW Z1 angerauscht, den er auf dem Gehsteig um die Ecke parkte. Ulf ließ sich, wenn er bei uns war, jedes Mal komplett voll laufen, sodass sein Wagen oft über Nacht stehen blieb. In den drei Jahren, die er zu uns kam, wurde er schon allein wegen der Strafzettel, die ihm aufgebrummt wurden, ein Vermögen los.

Ulf hatte die Angewohnheit, jeden Menschen, der, absichtlich oder nicht, in sein Gesichtsfeld trat, ununterbrochen zuzuschwallen. Weil er schon wusste, dass die meisten Menschen früher oder später versuchten, ihm zu

141

entkommen, suchte er sich Opfer aus, die keine Chance zur Flucht hatten. Er liebte es, sich an die Bar zu setzen und den Barmann zuzutexten, egal, ob es Stempfi war, Gene oder ein Ersatzmann. Und damit der sich bestimmt nicht verdrücken konnte, wählte Ulf den Platz neben dem Spülbecken aus, an das sich der Barmann notgedrungen immer wieder stellen musste.

Sobald Ulf auf seinem Lieblingsplatz saß, zwang er seinem Gegenüber eine grauenhaft langweilige und blöde Unterhaltung auf, die nach seinem Gefühl hätte ewig dauern dürfen. Um den Barmann zu schützen, baten wir andere Gäste, den Barhocker gegenüber der Spüle zu besetzen. Doch wenn Ulf kam, stellte er sich einfach daneben und fing an zu labern, bis der andere Gast entnervt aufstand. Er wäre auch gegangen, wenn wir ihn dafür bezahlt hätten, sitzen zu bleiben.

Am Donnerstag kam Ulf am liebsten. Da bediente Verena, eine Sozialpädagogik-Studentin, die ihn möglicherweise als Fallstudie interessant fand. Bei ihr lief Ulf zu besonderer Form auf und quälte sie mit uninteressanten Geschichten, die kein Ende hatten. Dazu trank er acht Cuba Libre und drei Weißbier.

Stempfi versuchte es mit einer Gegenoffensive, die jedoch ins Leere ging:

«Ulf, du hattest acht Cuba Libre und drei Weißbier, macht siebzig Mark, und dazu kommen zwanzig Mark Schwafelzuschlag.»

Ohne sich zu beschweren, ja, ohne überrascht zu sein, zog Ulf einen Hunderter aus der Tasche und sagte:

«Stimmt so!»

Als er eines Abends alle Mädels vom Service zu einer
Lack-und-Leder-Party einlud, war es genug. Bei der nächsten Personalbesprechung baten sie mich inständig, endlich
diesen Typen rauszuwerfen. Ich wollte ihrem Wunsch
nicht entsprechen und rechnete ihnen vor, wie viel Umsatz
Ulf dem *Nage & Sauge* brachte. Nach seiner dreijährigen
Performance, das haben wir einmal ausgerechnet, hatte er
ungefähr 20 000 € bei uns versoffen, Laberzuschläge nicht
eingerechnet. Da unsere Leute am Umsatz beteiligt waren,
ließen sie das Argument gelten. Außerdem war Ulf wirklich ein singuläres Phänomen, denn nicht alle Trinker machen schlechte Laune.

Da gab es zum Beispiel Deejay, einen Freund von
Stempfi. Deejay absolvierte gerade eine Steinmetzlehre
und schaute, fein gemacht, gerne am Abend bei uns herein.
Er setzte sich an die Bar und machte in seinem schwarzen
Anzug mit dem lässig geöffneten weißen Hemd keine
schlechte Figur. Eigentlich war er ein Frauentyp, trotz
Glatze. Es dauerte meist nicht lange, bis er an der Bar mit
irgendwelchen netten Mädels ins Gespräch kam. Er war
einfach ein guter Unterhalter.

Was die Mädels nicht wussten: Sie würden die Verwand-
lung eines reizenden Charmeurs zum Alkoholzombie erleben. Je mehr er trank, desto rauer und übler kam er drauf.
Erst ganz langsam, kaum merklich, dann immer deutlicher
und schließlich wirklich gespenstisch.

Von Bier zu Bier wurde er tatschiger, und irgendwann
war er sich auch für Sprüche wie «Mausi, wir sind fürein-
ander geschaffen, ich spür's schon» nicht mehr zu schade.
Spätestens damit schlug er auch die nachsichtigsten Frauen

in die Flucht – was ihn wütend machte, aber Stempfi hielt ihn im Zaum und verfrachtete ihn in eine stille Ecke, in der er noch eine Weile seine Komplimente ins Leere murmeln konnte, bis er einschlief und zur Seite sank.

Eines Nachts um halb eins kam ich ins *Nage & Sauge*, und auf der Eingangsmatte lag Deejay, schlafend in einem schicken Anzug, neben sich ein volles Glas Bier. Vor mir gingen drei Frauen ins Lokal, die kichernd über ihn stiegen, als sei er ein origineller Einrichtungsgegenstand am Empfang. Im Lokal schien sich niemand für Deejay zu interessieren, also ging ich zu Stempfi:

«Hey, was ist denn mit Deejay los?»

«Deejay? Wieso, der ist doch schon vor einer Stunde gegangen.»

«Nein, der liegt im Eingang!»

Stempfi gelang es nicht, Deejay wachzurütteln. Erst als er ihn mit «Wagge! Wagge!» anrief, dem bayerischen Spitznamen aus ihrer gemeinsamen Schulzeit, zeigte er rudimentäre Reaktionen. Wir trugen «Wagge» in sein Eckchen, wo er weiterschlafen durfte.

Ich machte mir, wenn derartige Geschichten passierten, übrigens nie Sorgen um den Ruf des Lokals. Zu dieser Zeit schrieben ohnehin alle Magazine über uns und fanden uns toll. Ich stellte mir vor, wie eine Leserin des «Elle-Gastro-Guide» zu ihrer Freundin sagt: «Ah, da ist eine hippe Bar, das *Nage & Sauge*, da lass uns mal hingehen.» Sie tun es, und was passiert? Ein gut gekleideter, hübscher junger Mann liegt auf dem Fußabstreifer. Wenn das Lokal ansonsten einen anziehenden Eindruck vermittelt, werden neun von zehn Gästen ein solches Entree klasse finden.

Sie haben das Gefühl, an einem Ort zu sein, an dem es hoch hergeht. Die beste Werbung, die das *Nage & Sauge* hatte, war immer jene Mundpropaganda, die da hieß: « *Nage & Sauge?* Da ist es voll, heiß, laut, rauchig, wild, du kriegst nie einen Platz, du kannst nicht reservieren, aber es ist immer mordsmäßig was los. »

Regel Nr. **10** *Lebe lieber ungewöhnlich!*

Ich hatte nie einen Gedanken daran verschwendet, mit dem *Nage & Sauge* in die Medien zu kommen. Der Erfolg meines Lokals hing von anderen Dingen ab, und mit denen war ich vollauf beschäftigt. Ich betrachtete das *Nage & Sauge* als mein erweitertes Wohnzimmer. Ich habe es gerne, wenn immer etwas los ist, also schlug ich vor, mal ein kleines Fest zu machen, eine Party. Und zwar eine, zu der alle Gäste mit etwas Doofem auf dem Kopf kommen mussten und bei der die doofste Kopfbedeckung einen Preis gewinnen würde. Ach ja, die sorglosen Neunziger! Die Idee dazu hatten übrigens die drei Rosendahl-Schwestern, Stammgäste im *Nage & Sauge* von Anfang an. Also

stieg das Doofe-Mützen-Fest, bei dem nicht insgeheim etwa doch die witzigste oder pfiffigste Mütze prämiert werden sollte, wie das die Jungs und Mädels von der Designerschule missverstanden hatten, sondern wirklich die doofste Mütze. Und wirklich, der erste Preis, eine Flugreise nach London, ging an den Träger einer extrem doofen Mütze, die im Wesentlichen aus einer mit aufgeblasenen Luftballons gefüllten Damenstrumpfhose bestand.

Diese Veranstaltung war dem Münchener Kulturteil der Süddeutschen Zeitung aus Gründen, die sich mir nie recht erschlossen hatten, einen ganzseitigen Bericht mit großen Fotos wert. Ich kann mich nicht erinnern, an dieser Stelle jemals vorher oder nachher einen derartigen Artikel über eine Party in einer Kneipe gelesen zu haben. Ich wurde oft gefragt, wie wir das wohl geschafft hätten. Die schlichte Wahrheit war, wir hatten gar nichts geschafft. Wir wussten auch am Abend der Party nicht, dass Journalisten da waren. Es war uns einfach nicht wichtig. Gehe zu einem Journalisten und erkläre ihm, du seist der Wirt eines besonders hippen Szeneschuppens – er wird niemals in deinen Laden kommen und auch nie eine Zeile über dich schreiben. Verschwende keinen Gedanken an ihn – und er wird dich «entdecken».

Das *Nage & Sauge* jedenfalls hatte eine große Anziehungskraft auf Journalisten. Die Leute vom in den Neunzigern legendären «Jetzt»-Magazin der SZ kamen häufig zu uns und offenbarten uns schon im September, unbedingt ihre Weihnachtsfeier bei uns machen zu wollen. Der Haken an der Sache war, dass ihr Chef kein Geld herausrücken wollte. Ich schlug ihnen einen Deal vor: Ihr esst und trinkt bei mir einen Abend lang umsonst, und ich bekomme dafür eine schöne, ganzseitige, vierfarbige Anzeige im «Jetzt»-Magazin. Der Chef wurde befragt und erklärte sich tatsächlich einverstanden, und schon konnten wir uns an die Gestaltung unserer Werbung machen.

Das Oktoberfest stand vor der Tür. Also entschieden wir uns für einen Wiesn-Gruß an die «Jetzt»-Leser. Die Wiesn ist auch für die jungen Münchner wichtig. Es ist eine wilde Party-Zeit, in der Sich-gehen-Lassen erlaubt ist und Ausrutscher jeglicher Art mit größerer Nachsicht behandelt werden als üblich. Ein Sinnbild dafür ist mir einmal auf der Wiesn selbst aufgefallen. Auf den Stufen eines Karussells klebte ein Kotzfleck, in den jemand eine Rose gelegt hatte. Ich fand das sehr hübsch, sehr aussagekräftig. Diese Szene galt es nun, für unsere Anzeige nachzustellen.

Auf der Speisekarte hatte ich gerade «Kartoffelsuppe nach Frau Bär». Frau Bär war die langjährige Haushälterin unseres damaligen Noch-Kanzlers Helmut Kohl, und sie hatte mal ihr angeblich legendäres Rezept für Kartoffelsuppe im Fernsehen vorgestellt.

Da ich auf der Suche nach dem Rezept für eine richtig gute Suppe war, die den Ausgehern den übernächtigten Magen wieder einrenkt, kreierte ich nach den Anregungen von Frau Bär eine sämige Kartoffelsuppe aus frischen Kartoffeln, Selleriestücken und Karotten. Den angeschwitzten Speck ließ ich weg, damit sie auch den Vegetariern schmeckte. Die Suppe war wirklich gut, nur sah sie im «Golden-Amber»-Licht des *Nage & Sauge* leider aus wie gekotzt. Normalerweise ein Nachteil, für unsere Anzeige im Jetzt-Magazin war das allerdings genau richtig.

Wir fuhren mit einem Topf voll aufs Dachauer Volksfest, das ein paar Wochen vor der Wiesn stattfindet, schütteten eine gute Portion davon auf die Alutreppe eines Karussells und legten eine Plastikrose darüber. Fertig war unser Motiv.

Dazu schrieben wir « *Nage & Sauge* wünscht viel Spaß auf dem Oktoberfest». Das war unsere Anzeige. Sie löste starke, durchweg positive Reaktionen aus. Sogar das Werber-Fachblatt «Werben und Verkaufen» berichtete darüber.

Mehr und mehr Journalisten fingen an, sich für das *Nage & Sauge* zu interessieren. Viele von ihnen wurden Stammgäste, und einige schrieben darüber. Schon die geringsten Anlässe waren der Presse Berichte wert.

Einmal stieß ich auf einem Flohmarkt auf Ölbilder eines russischen Malers, der sie für fünf Mark das Stück verkaufte. Es waren Akte und Naturszenen, die wirklich unglaublich schräg aussahen, wahrscheinlich unfreiwillig. Ich kaufte ihm alle Bilder ab und hängte sie im *Nage & Sauge* auf. Es dauerte nicht lange, bis ich sie groß abgebildet in einer Zeitschrift wieder fand – mit einem kleinen Artikel dazu, dass diese unnachahmlichen Werke nun im *Nage & Sauge* zu sehen seien. Natürlich wurden uns bald darauf schon die ersten Bilder von der Wand geklaut. Ich hätte es nicht für möglich gehalten, dass man ein großformatiges Ölbild in einem voll besetzten Lokal unbemerkt von der Wand nehmen und hinaustransportieren kann, aber es geht. Wir fanden, das Klauen der Bilder gehörte zum Ausstellungskonzept, und hängten so lange aus unserem Vorrat neue auf, bis wir keine mehr hatten.

Aus dem Hinterzimmer machten wir die Jimmy-Hartwig-Lounge. Jimmy Hartwig, wir erinnern uns, war eine

149

frühe Stütze des TSV 1860 München, der sogar einmal für die Nationalmannschaft auflief. Gerade hatte er ein eher belächeltes Buch herausgebracht und war auf recht unvorteilhafte Weise wieder im Gespräch. Grund genug, unserer Hinterzimmer-Lounge seinen Ehrennamen zu geben. Dort konnte man sich montags die Haare schneiden lassen.

Der Montag ist kein besonders guter Ausgehtag, und montags schließen traditionell die Friseure ihre Läden. Wir kombinierten diese beiden Erkenntnisse und boten an, jedem Gast des Lokals auf Wunsch in der Jimmy-Hartwig-Lounge kostenlos die Haare zu schneiden. Stempfi war der Maître, der mit seiner Hundescheermaschine zur Verfügung stand. Das Ganze nannten wir «Hundesalon». Am zweiten Montag hatte Stempfi bereits richtig zu tun, und einen Montag später war MTV für eine ausführliche Reportage bei uns. Vor laufender Kamera wurden einem Typen mit Pferdeschwanz – die gab es damals noch – die Haare abgeschnitten. Der Bericht lief ein paarmal unter der Woche. Am vierten Montag reichte die Schlange der Wartenden von der Jimmy-Hartwig-Lounge bis zur Tür und auf die Straße hinaus. Wir hätten mühelos umsatteln können, aber wir wollten keinen Friseursalon eröffnen. Um nicht als Spielverderber dazustehen, reichten wir den schwarzen Peter weiter und erzählten den Leuten, die Friseurinnung und das Kreisverwaltungsreferat hätten uns den «Hundesalon» verboten.

Wie von selbst ergab es sich, dass wir ständig kleinere und größere Dinge am *Nage & Sauge* veränderten. Das befriedigte die Neugier unseres Publikums, auch wenn es nicht immer sofort positiv reagierte. Diese Veränderungen sind wichtig. Wenn du sie nicht machst, werden die Leute zwar die Beständigkeit deines Lokals loben, aber sie werden es auch langweilig finden und sich nach Orten umsehen, wo sich die Dinge verändern.

Dabei ist die Grundstimmung der Gäste eher konservativ. Gerade dann, wenn sie sich wohl fühlen, wollen sie nicht, dass sich etwas ändert. Wir ließen eine Wand neu streichen, orange statt blau. Es gab die erstaunlichsten Reaktionen. Einige fanden es «ganz toll», andere drohten, nie wiederzukommen, wenn die Wand nicht sofort wieder ihre gewohnte Farbe bekäme.

Zu Beginn verunsicherte mich das. Dann merkte ich, dass nach zwei Wochen keiner mehr auch nur davon redete.

Aber man muss behutsam vorgehen. Zuerst lässt man eine Wand streichen, dann ändert man ein oder zwei Gerichte auf der Karte, bald gibt es mal wieder eine Party, auf der was Besonderes geboten wird. Die Gäste merken, hier ist immer was los, sie freuen sich darüber. Oft könnten sie gar nicht sagen, was genau es eigentlich ist, aber es gibt immer kleine Bewegungen, die ihnen das Gefühl geben, dass der Laden lebt.

Wichtig ist dabei, dass man eine persönliche Handschrift entwickelt. Noch die kleinste Kleinigkeit kann zum Blickfang werden.

Weil unsere Räumlichkeiten in früheren Zeiten wohl einmal als Ladengeschäft genutzt wurden, gab es ein kleines Schaufenster, für das wir eigentlich keine Verwendung hatten. Wir nutzten es, um darin kleine Dioramen mit Playmobilfiguren zu inszenieren. Aufsehen erregende Mordszenen, politische Ereignisse, Liebesdramen, über die die Boulevardpresse berichtete, wurden von uns nachgestellt und kommentiert. Stempfi erwies sich als besonders geschickt darin, und bald sah sich jeder Gast das Schaufenster an, bevor er das Lokal betrat, und hatte schon mal was zu lachen.

Manchmal jedoch waren auch größere Veränderungen nötig. In den ersten neun Monaten hatten wir schon ganz gut Geld verdient, und es war an der Zeit, es wieder in den Laden zu stecken. Die sanitären Anlagen waren ein Problem, die Klos waren klein und, wie soll ich sagen, schlichtweg uncool. Ich wollte sie umbauen. Allerdings durfte sich während der Bauarbeiten der Charakter des Lokals als Partyladen nicht verändern. Es durfte keine Ruhetage geben und auch nicht der Eindruck entstehen, das *Nage & Sauge* sei eine Baustelle mit Küche und Ausschank. Wir entschlossen uns, die Jimmy-Hartwig-Lounge aufzugeben und an ihrer Stelle zwei geräumige Toiletten einzubauen, links für die Mädels, rechts für die Jungs. Dadurch gewannen wir im Vorraum viel Platz, ungefähr für dreißig neue Sitzplätze, die wir, bei dem Andrang, den wir erlebten, ohnehin gut gebrauchen konnten.

Wir wollten aber nicht irgendwelche Klos, sondern solche, wie sie die Welt bis dahin noch nicht gesehen hatte. Mit einem Stammgast, der Architekt war, entwarfen und planten wir ein *H.-R.-Giger-Alien-meets-Nage-&-Sauge-Weltraum-Klo*, das einen sofort nach dem Betreten vergessen lassen würde, dass man sich auf der Erde befand. Für den Umbau veranschlagten wir vier Wochen. Selbstredend durfte der Betrieb des Lokals nicht unterbrochen werden und auch nicht unter dem Umbau leiden. Also konnte nur von frühmorgens bis zum frühen Nachmittag gearbeitet werden. Jeden Tag, wenn die Arbeit getan war, putzten wir und gestalteten die Baustelle mit alten Teppichen und Biertischen so, dass von ihr kaum noch was zu sehen war. Einzig die Klos wirkten arg improvisiert. Doch die Leute zeigten viel Geduld. Aus den geplanten vier Wochen wurden vier Monate. Unsere Arbeit schien niemals vollendet zu werden. Doch dann kam der Tag der Premiere. Es war ein Triumph.

Mit zentnerweise Epoxyharz, Farben und Gimmicks aller Art, einer Soundanlage und unzähligen Details wie Tastaturen, Wählscheiben, Anzeigen und so weiter hatten wir unsere Klos zum Interieur eines Raumschiffs gemacht. Über die Anlage waren sphärische Klänge zu hören, und wer bis ins Zentrum des Schiffes vordrang, in die Kammer, in der die Kloschüssel stand, wurde von einem weiteren Höhepunkt überrascht. Dort nämlich waren drei Kameras installiert, die einen filmten und die Bilder auf einen kleinen Monitor übertrugen, auf dem man sich bei seiner Sitzung selbst beobachten konnte. Für alle, die es interessiert: Die Kameras waren fest installiert, und zwar so, dass der Intimbereich nicht zu sehen war, einen normalen Gebrauch der Toilette vorausgesetzt. Es wurde auch nichts aufgezeichnet, das wäre ja viel zu teuer gewesen.

Die Reaktionen der männlichen und weiblichen Gäste hätten unterschiedlicher nicht sein können. Die Frauen fühlten sich durch die Kameras belästigt und gaben sich alle Mühe, sie zu zerstören. Auch ein Aushang, dass sie harmlos seien und nichts aufzeichneten, führte zu keinem anderen Ergebnis.

Die Männer hingegen waren außer sich vor Begeisterung. Mehr als einmal konnte ich beobachten, wie besonders Selbstvergessene, zudem bei offener Tür, versuchten, sich selbst beim Pinkeln oder Kacken gewissermaßen *in toto* zuzusehen. Ohne akrobatische Risikobereitschaft ging das nicht, aber das spielte offenbar keine Rolle. Die Männer liebten es, anschließend an ihrem Tisch über ihre Erfolge zu berichten.

Noch unglaublicher war die Begeisterung, die ein Pinkelthermometer hervorrief, das ich in der Pissrinne installiert hatte. Die Pissrinne war auf Kniehöhe unterhalb einer großen Digitalanzeigetafel platziert. Am Abfluss war ein Melkeimer installiert, und darin war ein Sensor angebracht. Wer nun pinkelte, konnte in großen roten Digitalzahlen seine Pisstemperatur auf der Anzeigetafel lesen.

Ich sah angehende Ärzte, Rechtsanwälte, Schriftsteller, Architekten und Journalisten mit leuchtenden Augen aus dem Klo kommen und hörte, wie sie mit gereckter Faust dem lachenden Publikum verkündeten:

«Neununddreißig Grad!»

Im Sommer wurden bis zu 44 Grad erreicht, im Winter manchmal nur 35 Grad. Die Faszination dieser Anlage hielt sich jahrelang. In früheren Zeiten gingen die Mädels gemeinsam aufs Klo, jetzt bildeten sich ganze Männertrauben, die, zum Wettkampf bereit, auf die Toilette stürmten, um anschließend stolz dem Barmann, den Bedienungen oder ihren Freundinnen zu berichten, wie viel Grad sie geschafft hatten. Mit unserem Pissthermometer hatten wir endgültig ihre Herzen erobert.

Manche schossen freilich in ihrem Enthusiasmus übers

Ziel hinaus, was kurzzeitig die ganze Anlage in Gefahr brachte. Stempfi hatte die rettende Idee:

«Man muss den Jungs was zum Zielen geben.»

Aus Limonen schnitzte er Krönchen, aus Gemüse und Schaschlikstäbchen kleine Tiere. Die Männer hatten nun Hasen, Dinos, Krokodile und Karottenschlangen, auf die sie zielen konnten, und kamen so gleich in den Genuss mehrerer Erfolgserlebnisse auf einmal.

Damit nicht genug. Die überregionale Presse berichtete. Im «Focus» gab es einen ganzseitigen Artikel über unser Klo, MTV und andere Fernsehstationen berichteten, und ein Soziologiestudent schrieb seine Magisterarbeit darüber. Es gab keinen Zweifel mehr, wir hatten den Gipfel des Ruhms erklommen.

Regel Nr.  *Befolge keine Regeln*

Heutzutage wird einem gerne erzählt, die Weichen für eine gelungene und erfolgreiche Zukunft würden bereits in frühester Kindheit gestellt. Schon im Vorschulalter sollen unsere Jüngsten lernen, das Leben als einen Auswahlprozess zu begreifen, bei dem möglichst die anderen auf der Strecke bleiben. Um selbst fürs Überleben fit genug zu sein, ist es wichtig, die Anforderungen zu erfüllen, die an einen herangetragen werden. Damit auch bestimmt nichts schief geht, kriegen schon die Erstklässler Nachhilfe. Ich will mich gar nicht darüber lustig machen. Es kann wirklich eine Menge schief gehen. In meinem Fall *ist* eine ganze Menge schief gegangen. Auch im Nachhinein finde ich wenig Geschmack an meinen Schulerfahrungen, an meiner Zeit als Kochlehrling und, später, als angestellter Koch in irgendwelchen Kneipen. Wer einmal aus dem System herausfällt, heißt es, wird schwer wieder hineinkommen, wenn er es denn überhaupt schafft. Sollte das Ziel menschlichen Daseins ein lückenloser, stromlinienförmiger, steil nach oben zeigender Lebenslauf sein, hätte ich es von Anfang an verfehlt. Ich war ein schwieriger Schüler und Lehrling, und obwohl ich nichts vorzuweisen hatte, fiel es mir nicht ein, die aus meiner damaligen Sicht völlig sinnlosen Pflichten, die sich andere für mich ausgedacht hatten, zu erfüllen. Mit einer Sache aber war es mir immer ernst: Ich wollte herausfinden, was gut für mich war, wie *meine* Regeln lauten sollten, was *ich* vom Leben wollte. Das Abhängen im Nachtleben war für mich wie ein Versprechen. Eines Tages würde es mir gelingen, nach meinen Vorstellungen zu leben, ohne mich deshalb bei irgendjemand andienen oder entschuldigen zu müssen.

Das *Nage & Sauge* war für mich der Beweis, dass es möglich ist, den eigenen Weg zu gehen und damit Erfolg zu haben. Ich bin darüber nicht vom Saulus zum Paulus geworden, nicht vom Tellerwäscher zum Millionär und auch nicht vom verkifften Slacker zum alerten Jungunternehmer. Ich wollte einfach etwas Sinnvolles tun, etwas, das mir Freude macht und mich ausfüllt. Alle Menschen wollen das. Vielleicht fiel es mir ein bisschen schwerer als dem einen oder anderen, das Meine zu finden, aber unterwegs dorthin habe ich vor allem eines begriffen: Es hat überhaupt keinen Sinn, sich zu verstellen. Sei einfach der, der du bist, und du wirst deine eigenen Regeln finden. Mein

Leben jedenfalls hat sich durch diese Einsicht entscheidend verändert, und ich weiß, das *Nage & Sauge* war sicher nicht die letzte Kneipe, die ich eröffnet habe. Vielleicht werden dabei plötzlich ganz andere, mir jetzt noch unbekannte Dinge eine Rolle spielen, aber ich weiß, dass alles gut gehen wird, solange ich an mich und meine Ideen glaube. Und die wichtigste Regel dafür lautet: Befolge keine Regeln – außer deinen eigenen!

Credits

Ich danke meiner Familie, die immer an mich glaubte, meinen Freunden, die mir glaubten, und dem *Nage*-Team, das schon glaubte, es wäre mich los.